U0562161

互动

Facebook高管20年高效运营策略

PURPOSEFUL

Are You a Manager or a Movement Starter?

［美］詹妮弗·杜尔斯基 著
（Jennifer Dulski）
刘琨 译

中信出版集团 | 北京

图书在版编目（CIP）数据

互动 /（美）詹妮弗·杜尔斯基著；刘琨译 . -- 北京：中信出版社，2019.4

书名原文：Purposeful

ISBN 978-7-5086-9891-5

Ⅰ . ①互… Ⅱ . ①詹… ②刘… Ⅲ . ①企业管理—客户—销售管理 Ⅳ . ① F274

中国版本图书馆 CIP 数据核字 (2019) 第 001841 号

互 动

著　　者：［美］詹妮弗·杜尔斯基
译　　者：刘　琨
出版发行：中信出版集团股份有限公司
（北京市朝阳区惠新东街甲 4 号富盛大厦 2 座　邮编　100029）
承 印 者：北京楠萍印刷有限公司

开　　本：880mm × 1230mm　1/32　　印　　张：8.75　　字　　数：206 千字
版　　次：2019 年 4 月第 1 版　　印　　次：2019 年 4 月第 1 次印刷
京权图字：01-2018-8122　　广告经营许可证：京朝工商广字第 8087 号
书　　号：ISBN 978-7-5086-9891-5
定　　价：68.00 元

服务热线：400-600-8099
投稿邮箱：author@citicpub.com

致我的两个女儿雷切尔和艾玛，以及另一个我

目　录

第五章

125

引导成员进行积极的互动

持续激励个人和团队的最有效方式之一就是让他们不断面对挑战。当人们感觉自己的学习和成长已经与工作过程融为一体的时候，他们就会以更加饱满的工作热情投入到与团队的合作中和对事业的支持中。

第六章

177

有效应对来自外界的批评

我们可以通过正面思维掌握主动，改变自己大脑里正面信息和负面信息的比例，减少我们对批评做出或战或逃反应的次数。有一种方法可以帮助我们做到这一点，那就是时刻提醒自己必须怀有一颗感恩的心。

寻找一个有意义的目标

有意义的目标具有传染性，能够激发出群体的热情，调动大家的积极性。在脸书负责“群组”相关业务期间，我曾经帮助数百万人创建社群，而这些社群又围绕着共同的爱好和经历，调动了数亿人的积极性。

假如有人认为自己太过渺小，无足轻重，那么他/她一定没尝试过在有一只蚊子的房间里入睡。

——克里斯蒂娜·托德·惠特曼（Christine Todd Whitman）

这本书要讲的是平凡的人们如何实现非凡的变革。书里所有故事的主人公都不是政治家或大型公司首席执行官这种已经被赋予许多权力和责任的人物，而是你的团队伙伴，你的左邻右舍，还有你自己。读过这本书后，你将知道怎样去调动周围人群的积极性，帮助你实现愿景。

言归正传，下面就来看一看这一切究竟是如何发生的吧。

……

19 岁那年，马纳尔 · 罗斯托姆登上了一辆从开罗开往红海的汽车，同行的还有她的表哥。在行驶过程中，两个人交换了彼此的座位，不料 5 分钟过后，汽车的一个轮胎突然爆了，导致车身一个急转，伴随着三个连滚翻，一头扎进了沙漠之中。马纳尔还好，但是她的表哥却受了重伤，三个星期后就去世了。这件事对马纳尔的内心产生了巨大的冲击。多亏有了信念的支持，她才得以克服内心的悲痛和创伤——在事故发生之前，她对待宗教信仰只能算是一般虔诚，而有了这次的经历，她与伊斯兰教的关系一下子得到了升华。两年后，虽然马纳尔的家人并未做此要求，但她还是决定戴上“希贾布”（Hijab）——穆斯林女性佩戴的一种传统头巾。

接下来的14年里，马纳尔一直佩戴着希贾布。虽然在西方国家，总有人因为不了解希贾布或是认为它代表对女性的压迫而对她有所非议，但是在埃及和科威特，她感觉自己通常都能为人们所认可。可是后来情况却发生了变化。在她所认识的女性中，有越来越多的人不再佩戴希贾布，媒体上也开始出现各种反对希贾布的文章，而在她居住的迪拜，佩戴希贾布的穆斯林女性不但要面对批评的声音，还被拒绝进入一些公共场所。虽然马纳尔并不否定不佩戴希贾布的人，但她觉得对自己和其他许多女性来说，佩戴希贾布能让她们感知到自己的宗教信仰。“那一刻我有种茅塞顿开的感觉，”她说，“假如我做出让步，一味从众，那岂不是什么都改变不了？之前我觉得自己就像一条死鱼，只能‘随波逐流’，但接下来我就下定决心，一定要逆流而行。我不要做一条死鱼。”

2014年，马纳尔在脸书上创立了一个名为“永远的希贾布”（Surviving Hijab）的互助性社群，而之所以选择这个名字，是因为她觉得这6个字能准确表达自己想做的事情。4月的一个夜晚，马纳尔邀请了8名女性入群，她们大多是她的朋友和家人。而当她一觉醒来的时候，却发现群里竟然已经有了500个成员。几个月的时间，这个社群就发展壮大到5万人的规模，大家都支持和鼓励彼此以佩戴希贾布为荣。三年后，“永远的希贾布”就已经吸引了来自世界各地的将近50万女性加入其中。显而易见，这个社群填补了一个缺口，满足了喜欢佩戴希贾布的女性加入一个互助性社群的需求。

既然已经有了这么多人的支持，马纳尔知道自己还有可能争取到更多人的支持。她除了是一家制药公司的职员和这个社群的领导者，还是一名运动员——一个跑步爱好者。作为一名佩戴着希贾布的运动员，她要面对的非议比常人有过之而无不及，总是不断有人问她：“你裹着那么多层东西跑步，难道就不会热吗？”或是诸如此类的问题。在马纳尔参加的跑步比赛中，她常常是唯一佩戴希贾布的选手，而在她看来，这正是一个大好的机会，有助于让人们减少对穆斯林女性的刻板印象。但是，她要做的事情并不止于此。在一个朋友的建议下，同时也是在“永远的希贾布”所有成员的支持下，马纳尔给耐克中东区总裁汤姆·伍尔夫写了一封邮件，标题是“佩戴面纱的女性跑者致耐克中东公司的一封信”。在信中，她介绍了自己的女性社群，还讲述了自己的希望——想要所有的社群成员哪怕是在佩戴着希贾布的情况下，也能够积极地做运动。“我之所以联系您，是因为我留意到，耐克俱乐部所有以跑者为主题的照片中，居然连一位戴头巾的女性都没有！”她写道，“这可是在中东啊，难道照片中不应该有一些我们这样的人吗？”点击发送的那一刻，马纳尔的内心涌起了一丝惧怕。

但是事实证明，她的惧怕完全是杞人忧天。因为汤姆不但回了信，而且说："感谢你的来信。这个时机堪称完美，其实我已经和这里的耐克团队谈过几次类似的话题。不知道你什么时间方便见面……明天下午 3 点行吗？"可想而知，马纳尔欣然同意赴约。而仅仅两个月后，也就是 2015 年 1 月，马纳尔成了第一位佩戴着希贾布现身耐克宣传广告的女性。2015 年 3 月，耐克又聘请马纳尔担任迪拜一家女子跑步俱乐部的首任教练。时间终于到了 2017 年 3 月，这一次，马纳尔受邀前往迪拜的耐克中东区总部，准备接受一份大大的惊喜：耐克公司宣布，将于 2018 年初发售耐克运动专用希贾布——佩戴希贾布的女性专用的运动装备。据马纳尔说，当她听到这一消息的时候，不禁为之前付出的每一分努力而泪流满面。"太神奇了，"她对我说，"这是第一次有一个国际品牌宣布愿意迎合我们这群穆斯林女性的需求。那个钩子（耐克标志）给了我们力量。"

耐克在自己的官网上特意强调，马纳尔和另外一些穆斯林女性运动员已经试用过这款产品的样品，她们不但体验了它的贴合性、透气性等特点，而且从文化角度给出了重要的反馈意见，比如它一定不能是透明的。[1] 尽管耐克不是第一家为穆斯林女性运动员生产希贾布的企业，但是能得到这样一个大品牌的支持，还是给了马纳尔莫大的满足感和成就感。她觉得戴上耐克运动专用希贾布的自己和其他女性可以成为年轻女孩儿们的榜样，让后者从此看清一个事实——一个人完全有可能既保持自己的宗教信仰，又实现自己在世上的各种愿望。马纳尔也学会了一个道理，那就是拥有共同的目标有助于一个社群战胜刻板印象，推动变革的发生。

……

直到现在，尼尔·格里默仍把自己形容为一个不合时宜的人和一个朋克摇滚歌手。如今的他已经在 IDEO 设计公司[①]和克利福能量棒公司[②]身居高位，他之所以能够成为今天的自己，与他早年的艺术设计生涯和乐手经历有着密切的关系。而且当尼尔成为一个爸爸的时候，正是骨子里不合时宜的那个他——一个敢于质疑权威的人——向幼儿喂养方式发起了反击。那段时期，由于市场上连一款为婴儿设计的有机食品都没有，所以尼尔和妻子塔娜·约翰逊不得不亲手制作婴儿食品。作为一对在职人士和两个孩子的父母，他们总是为照顾一个上幼儿园的女儿和一个新

① IDEO 设计公司创建于 1991 年，总部位于美国加利福尼亚州的帕洛阿尔托，它是由三家设计公司合并而成，其中包括大卫·凯利设计室（由大卫·凯利创立）、ID TWO 设计公司（由比尔·莫格里奇创立）和 Matrix 产品设计公司（由麦克·纳托创立）。值得一提的是，大卫·凯利曾于 1982 年为苹果公司设计出第一只鼠标，而 ID TWO 则于同年设计出了全世界第一台笔记本电脑。——译者注

② 克利福能量棒公司（Cliff Bar & Company）是一家位于美国加利福尼亚州的私营公司，以有机食品和饮料为主营业务，而克利福有机能量棒是这家公司的旗舰产品，以创始人加里·埃里克森的父亲克利福德（Clifford）的名字命名，问世第一年，其销量就超过了 70 万美元。克利福能量棒公司曾在《福布斯》“抢跑品牌”（Breakaway Brands）榜单上名列首位。——译者注

生宝宝忙得不可开交，常常要熬夜制作婴儿食品和女儿在幼儿园吃的健康午餐。又是一个夜晚，时钟已经指向10点以后，而他们还在准备“日常的新鲜菜泥”，突然之间，尼尔的脑子里冒出了一个念头，“应该有一种更好的方法，让在职的父母们能够用健康的食品喂养他们的孩子，而不必在方便和健康之间权衡利弊，左右为难”。于是他下定决心，必须为分身乏术的父母们找到一种适合他们生活模式的解决方案。受此鼓舞，尼尔开始充分发挥自己的创造思维和创业精神，最终创建了梅子有机食品公司[①]——为了让爸爸妈妈们能用健康的食品喂养出健康的孩子而成立的一家公司。

这个成立目标可以说贯穿了公司的方方面面——从产品创新到团队建设和招聘，再到每周例会的召开方式，就连每一次遭遇困境的时候，都是因为有了这个目标的助力，他们才得以挺了过来。这一路并非一帆风顺。尼尔对我说，他和共同创始人谢丽尔·奥洛夫林有时候觉得自己简直就像身处一座被鲨鱼包围着的孤岛。由于他们此前从未成立过公司，所以只能边干边学。那是一种如履薄冰的感觉，从与哪些投资人合作，到如何管理生产，再到经营创业公司的压力可能导致的个人健康问题，简直可以说是风险重重。他们无法确定自己究竟能够相信谁。但与此同时，

① 梅子有机食品公司（Plum Organics）创建于2007年，总部位于美国加利福尼亚州的爱莫利维尔，以高端的有机婴儿食品为主营业务，已经通过美国农业部有机食品认证，其产品承诺不含转基因成分，不含高果糖玉米糖浆，不含反式脂肪酸，不含人工香料和防腐剂，包装不含双酚A，等等，目前风靡美国和加拿大。——译者注

让家人更健康的目标也使得他们与公司的所有员工——与他们同处孤岛上的人们——建立起了一种亲密无间的关系。大家的坚定信念和努力工作最终换来了回报。有数以百万计的父母争相购买梅子有机食品公司的产品，从而使其一下子跃升至美国有机婴儿食品公司的榜首。

6 年之后，梅子有机食品的销售额已经增长至 8000 万美元，自然引起了战略合作伙伴和私募股权公司的浓厚兴趣。在与金宝汤[①]首席执行官丹尼斯·莫里森有过一次关键会面之后——她让尼尔产生了一种惺惺相惜的强烈感觉——尼尔及其董事会于 2013 年做出了将梅子有机食品公司出售给金汤宝的决定。事后，金汤宝果然兑现了自己的承诺，不但为梅子有机食品投入各种资源，并且坚守它的使命：就在同一年，梅子有机食品在金汤宝的许可下，继续向公益性企业（PBC）[②]转型，成为当时唯一一家合法成为公益性企业的上市公司全资子公司。[2] 这种合法的重组方式可以促使社会企业既服务于利益相关者，也服务于股权所有者。梅子有机食品不但保持了自己的增长势头，而且带动了有机婴儿食

① 金宝汤（Campbell Soup）公司创建于 1869 年，总部位于新泽西州的甘顿，其罐头汤产品畅销全球 120 个国家及地区。此外，它也努力开拓其他食品市场，例如浓缩食品、非浓缩汤品、即冲汤粉、肉汁等，并收购了多家美国食品公司。2013 年，金宝汤收购了梅子有机食品。——译者注

② 公益性企业（public benefit corporation）既追求经济效益，也追求社会效益，在企业宗旨、可问责制，乃至透明化和公开化方面都要符合更高的标准，其公司章程往往需要加入用户隐私、税务伦理、环境保护等内容。新成立的企业需要通过合并成为公益性企业，而现有企业则需要通过修改章程成为公益性企业。——译者注

品这一品类的迅猛发展。据预测，由于父母们越来越关心自己的孩子能否吃到安全的食品，到 2020 年，有机婴儿方便食品领域在整个婴儿食品市场中占据的份额将接近 76%。[3] 正如尼尔所见，共同的目标感会提供巨大的能量，助燃一个新兴的理念。

……

2014 年，还在上初中的梅根·格拉塞尔创办了“黄莓果”[①]——一家专为少女生产适龄文胸的公司。而这一切要从一次失败的购物经历说起。当时，梅根想为 13 岁的妹妹挑选人生中的第一件文胸，但是她花了几个小时，逛了各种商店，就是找不到一款既不过分性感，又没有胸垫，也不带聚拢功能的文胸。从那一刻开始，梅根就决定自己制作文胸——尽管她当时对如何创办一家公司和如何缝制一件内衣还一无所知。她告诉我说：“当时我有一种茅塞顿开的感觉，为什么我不能干脆自己制作这种产品，自己创建一个品牌，帮助每个女孩儿顺利走过人生必经的这段时期呢？”

尽管当时对所有细节还没什么头绪，但是被这个理念深深吸引的梅根还是忍不住立刻投身其中。有些事情是从一开始就顺顺

---

① 黄莓果（Yellowberry）公司创建于 2014 年，总部位于美国怀俄明州的威尔逊，是美国的一个标杆性创业范例和众筹范例，填补了少女文胸的市场空白，其名称寓意少女在走出青涩期之后，在进入红色、紫色、橙色或粉色的成熟期之前，必定会经历一段果实为黄色的时期。——译者注

利利，而有些事情则不然。她的想法是："好吧，要制作一件文胸，应该会需要一些布料。"于是，她就开始在网上根据颜色选购原材料，全然不觉自己居然选中了为帆船做帆布的材料，而用这东西做出来的第一件样品，效果实在不怎么样。最后，梅根终于找到了一位女设计师，与其合作了几个款式的样品，然后花费大笔积蓄，请一家制造商生产出了第一批共计 400 件文胸——反正她的钱也只够生产这么多件。

做出这第一批文胸之后，梅根就意识到，要想让公司有所起色，自己还需要更多的资金才行。[4] 于是，她选择了成千上万的创业者在面临现金困境时都会采取的做法：在起步网 ① 上发起众筹。结果出师不利。最初的几个月，她只筹到了大约 200 美元。尤其让人尴尬的是，由于她的朋友和同学都能在起步网上查到她的筹资进展，所以她只筹到不足目标金额（2.5 万美元）1% 这件事就成了公开的秘密。但是梅根并没有就此放弃，而是开始在网上寻找有可能支持这种产品的公司或个人。她给大约 200 人发了冷邮件 ②，讲述自己的使命和经历，虽然最后只得到了一份回应，但这份回应却起到了真正的作用。一家名为"超能女孩"③ 的公司在收到梅根的信件后，将黄莓果的故事发布在了自己的官方网站和脸书页面上。不到 24 个小时，梅根在起步网上的筹款就

① 起步网（Kickstarter）创建于 2009 年 4 月，总部位于美国纽约，是一个专为拥有创意方案的企业筹资的众筹网站平台。——译者注

② 冷邮件（cold e-mail）泛指关系不是特别熟，但想要对方帮忙的邮件。——译者注

③ 超能女孩（A Mighty Girl）总部位于美国华盛顿，是一家专门为"聪明、自信、勇敢"的女孩儿们提供图书、玩具、音乐和电影等产品的网络书店。——译者注

实现了 2.5 万美元的目标。可以说，梅根之所以能够成功，与她争取到这些早期影响者支持自己的行动有着密不可分的关系。

梅根最终在起步网上共计筹到了 4 万多美元，而且她的第一批产品——以虫虫咬（Bug Bite）、小提顿（Tiny Teton）、推特心（Tweetheart）之类的名字作为款式系列名称——也迅速售罄。如今她的奋斗目标已经超越了单纯商业成就的范畴；为了继续与少女的性化做斗争，她不但推迟了大学的入学时间，甚至还放弃了竞技奥运赛场的梦想（她是在全国名列前茅的滑雪运动员）。梅根从一开始就清楚地感知到自己的愿景，她希望自己的品牌能够在女孩儿们的青春发育期陪伴她们，支持她们，鼓舞她们，让她们知道，按照她们自己的节奏成长是件无可厚非的事情。

她之所以将公司起名为黄莓果，是为了肯定一个观点：给女孩儿们足够的时间度过青春发育期是至关重要的——在变成一颗红红的莓果之前，每个女孩儿都必须经历一些"黄黄的"阶段。梅根的行动愿景是：支持女孩儿们顺利走过这段旅程的每一个阶段，直到她们成长为自信而出色的年轻女性。随着诺德斯特龙[①]之类的大型零售商上架黄莓果文胸，还有艾黎[②]之类的人气品牌与梅根合作传播黄莓果的愿景，她的企业得以进一步发展壮

① 诺德斯特龙（Nordstrom）是遍布美国的一家高档连锁百货店，其经营的产品包括服装、饰品、背包、珠宝等，以能够一站式买到质量最好的所有家庭成员的服装而闻名。——译者注

② 艾黎（Aerie）是美国的内衣品牌，以鼓励顾客拥有独特气质、传递正面信息为特点，因此艾黎的模特照片都不做润饰，而是让各种体态的女性发掘最能突显她们魅力的穿着风格。——译者注

大，产品在世界各地的销量也与日俱增。而在黄莓果持续扩张的同时，梅根本人也得到了广泛的赞誉：她入选了 2014 年《时代》杂志“最具影响力的 25 位青少年”名单和《赫芬顿邮报》“最无所畏惧的 14 位青少年”名单，以及 2016 年《福布斯》杂志“30 位 30 岁以下精英”名单。

梅根的顾客对黄莓果可以说爱到了骨子里，通过她们在脸书上给这家公司的留言，你就能看出她们内心深处的赞美之情。有人这样评论道：“这些文胸穿在我女儿的身上简直太合适了。这是我们购买的第一单，收到货的时候大家都欣喜若狂。如今我正在考虑举办一个不对外的时装秀，将这样的宝贝产品推荐给我的朋友们。”还有人发布了女孩儿们开心地穿戴着黄莓果文胸的照片（所有照片都是从穿戴文胸的少女身后拍摄的，而这种拍照方法也是为了贯彻该公司的使命——“当女孩儿们征服这个世界的时候，要站在她们的身后给予支持”）。顾客们的赞赏进一步坚定了梅根的目标，促使她奋力前行，正如她在 2017 年接受《福布斯》的一次采访时所说：“在我们的社群里，有很多人会写下发自肺腑的留言，告诉我们黄莓果带给她们怎样的体验，以及她们的女儿穿上黄莓果的产品时有怎样的感受，这无疑是我最喜闻乐见的事情之一。[5] 时至今日，这种事情还是会轻而易举地赚取我的眼泪。对每一条信息和每一个人，我都会尽我所能地亲自回复，而且我永远都会感激她们对我的事业和使命所给予的支持。”梅根已经意识到，充分发掘一个社群的共同目标能够助力她实现自己的梦想。

感染人心的力量

为什么马纳尔、尼尔和梅根能够成功，而其他拥有同样崇高目标的创业者和社会活动家却多以失败告终？难道是因为他们都属于那种高效的领导者，又在对的时间拿出了好的理念吗？也许吧。但是假如你进一步观察，就会发现这三个人都有一个共同的特点——他们的所作所为无一不是在发起一项运动。

当人们围绕着一个共同的目标而团结一致、齐心协力的时候，运动就发生了。马纳尔、尼尔和梅根无一例外，都是围绕着一个有意义的目标激发出群众的热情，调动大家的积极性——这个目标或者是改变佩戴希贾布的女性带给人们的刻板印象，或者是为婴儿生产健康的食品，或者是与青少年的性化做斗争。他们打造运动的方式就是让周围的人们不但能够服务于共同的目标，而且能够将运动传播得更远更广。

运动为什么会有如此强大的力量呢？答案是，因为有意义的目标具有传染性。运动本身就能够促使人们集结成群，并且让社群里的每个人燃起熊熊斗志，促使变革发生。虽然运动常常要由一个高效领导者的行动和信念扮演星火的角色，但是要成功地形成燎原之势，这些运动的发起者就必须在社群中培养起其他的领导者，让每个人都能够在推动变革的进程中贡献自己的一份力量。

听起来可能不难做到。但是要明白运动的力量究竟有多么强大，可以先思考一下你的日常生活。我们许多人都忙忙碌碌，从不曾停下来想一想，究竟是什么在驱使我们前进，对我们来说真正重要的又是什么。我们驾轻就熟地管理着自己的职业和个人生活，或许还管理着工作团队，却往往不会将它们与我们的信念和核心价值观联系在一起。虽然有很多人描述过管理者和领导者的区别，但大多是千篇一律的内容，无非是说管理者更多地专注于战术策略和日常运作，而领导者则会鼓舞他人追随自己的脚步。

我建议对“领导”（leadership）一词有一个全新的认识。根据在脸书、谷歌等企业就职的经历，我得出了一个结论——最高效的领导者无一不是运动的发起者。确切地说，运动的发起者在领导力方面更胜一筹。他们不只是说服人们追随自己，而且是让人们主动参与运动和支持自己，共同引发积极的变革。像马纳尔、尼尔和梅根这样的人都是以有意义的目标为起点，通过将其散播得更远更广来寻得支持。这些领导者之所以拥有强大的力量，并不是因为他们名片上的头衔，而是因为他们都将自己的使命和价值观置于首位，因为他们清晰的目标和坚定的信念能够鼓舞他人参与进来，共同发起一项运动。

我在整个职业生涯的所见所闻无一不在证实这一结论的正确性，在商业领域如是，在社会活动领域亦如是。在脸书负责“群组”相关业务期间，我曾经帮助数百万人创建社群，而这些社群又围绕着共同的爱好和经历，调动了数亿人的积极性。在硅谷度过的将近 20 年里，我有幸见证自己的工作伙伴们凭借自己的奇思妙想，倾力打造可以改善我们这个世界的各式企业。以上提到的这些全部都是普普通通的人，与你我并无二致，只不过，他们不但能够看出这个世界存在的问题，而且愿意挺身而出，为之奔走。这其中：有些人决心消灭针对女性的霸凌行为和暴力事件；有些人希望他人得到更好的教育、更好的医疗，以及更干净的水；有些人希望改善残障人士的生活；有些人希望性少数群体[①]能够享有安全与平等……诸如此类，不胜枚举。

假如你以为这些理念只适用于社会活动家，那可就言之过早了。我意外的一个发现——你可能也会为此感到意外——就是社会变革领域的运动发起者和商业领域的运动发起者在领导技巧方面居然如出一辙。事实上，领导技巧并不会因人而异。但凡是行之有效的领导，都需要领导者先创建一个清晰的愿景，将你想要实现的内容描述出来，然后再鼓舞他人与你携手并肩，共同朝着那个愿景的方向前进，还常常需要说服掌权者（决策者）按照你的意愿行事，需要克服有可能出现的各种障碍。再接下来，你只要坚持不懈，直到愿景成真。这些技巧贯穿领导的主线，放之四海而皆准，所有领域、所有事业和所有行业的所有运动发起者都不例外。只要领导者把自己的工作设计成有热心追随者的运动，最后就一定会建成最有力的团队，取得最丰硕的成就，无论他们的工作目标是谋求法律和政策的变革，还是创建全新的品牌或公司，又或是介于两者之间的任何一种。

① 性少数群体（LGBTQ）是 Lesbians（女同性恋者）、Gays（男同性恋者）、Bisexuals（双性恋者）、Transgender（跨性别者，包括变性人、异装者等）、Questioning（疑性恋者，即对自己的性别或性取向尚存疑惑的人）开头字母的组合，被人们用来作为对这个社会群体的统称。——译者注

可以从小行动开始

萨拉·艾尔阿曼是全世界最顶尖的社会活动组织者之一，她曾经在奥巴马总统的“行动组织”（Organizing for Action）担任执行总监，如今又在“陈·扎克伯格倡议组织”（Chan Zuckerberg Initiative）担任总监。她在布罗德本特研究所（Broadbent Institute）组织的2016年渥太华进步峰会（2016 Progress Summit in Ottawa）上曾经说过这样一句话：“变革从来不会发生在权力殿堂之内。变革会发生在餐桌上，在客厅里，在今天这样的讨论会上，但不会发生在白宫、联合国和议会大厅之类的地方。”[6]

假如人是至关重要的因素——假如创造变革的都是个人，而不是政府或企业这样的大型机构——那么还有什么能够妨碍我们和阻止我们迈出实践理念的第一步呢？在我看来，最大的原因就是畏惧心理，包括担心我们的行动并不重要，担心由此引发的变革无法媲美具有历史意义的大型运动，例如20世纪60年代的美国民权运动或者婚姻平等运动。但真相是，一项运动能够波及多大的范围取决于发起运动的个人或者一群人所看重的是什么。不能仅仅因为我们素来想到的运动都是最大型的那些，比如“黑人的命也是命”（Black Lives Matter），便认为人们在小镇上、在学校中或是在工作单位里实现的变革就不是运动，就无关紧要。现实中这样的例子简直俯拾皆是，比如有人在保护当地的公园和纪念碑，有人在说服企业循环利用物资，有人在致力于让学校的政策变得更加公平。

事实上，我们永远都不应该低估小行动的力量；有时候恰恰就是这些小行动，能够促使你自己和其他人未来采取更大规模的行动。1966 年，斯坦福大学的乔纳森 · 弗里德曼和斯科特 · 弗雷泽公布了一项具有里程碑意义的研究成果，这项成果名为“无压力的屈从：登门槛技术”①。该研究表明，假如先让人们做一件很容易应允的小事，然后再提出一个更大的要求，那么人们应允的概率就会更大一些。[7] 这种技巧发挥作用的理论基础是人们普遍希望自己的行为能够表现出一致性。

在社会活动组织领域，这种技巧又被形容成一个“参与之梯”（ladder of engagement），即先向人们要求一项微不足道的行动，比如一个签名，脸书页面上的一个“赞”，观看一段短视频，等等，然后再让人们沿着梯子向上，涉足需要更高参与度的行动，比如分享、捐赠或成为志愿者。举个例子来说，虽然变革网上的请愿签名有时候被人们批评为“懒汉行动主义”（slacktivism），或是被指责为一种太过容易的参与方式，但是人们常常忽视了一点，那就是一个签名没准儿只是一个起步，后面或许还会有更大的动作。而且事实也表明，采取过签名这个小行动的人接下来的确更有可能采取后续的行动，比如分享，评论，呼叫或是

① “无压力的屈从：登门槛技术”（Compliance without Pressure: The Foot-in-the-Door Technique）的实验内容是：派人随机访问一组家庭主妇，要求她们将一个小小的招牌挂在自己家的窗户上，主妇们表示同意；一段时间后再次访问这组主妇，要求将一个不太美观的大招牌放在她们的庭院里，结果有超过半数的主妇表示同意；同期派人随机访问另一组家庭主妇，直接提出将不太美观的大招牌放在她们的庭院里，结果只有不足 20% 的主妇表示同意。——译者注

在推特上 @ 一个决策者，捐款，或是出席一项活动。在变革网上为请愿签名的所有人中，有超过 47% 的人会继续采取至少一项进一步的行动。

每一个小行动都有其重要性，而且加在一起还能够产生集聚效应。有些时候，变革的发生不一定需要数百万人的参与，而只需要一群相宜相关的人士倡言发声。就算有些变革需要大规模调动群众的积极性，我们也应该这样提醒自己，哪怕是起步很小的运动，也完全有可能发展成为更大规模的全国运动或是全球运动，比如禁用塑料袋和推广散养蛋之类的事业，就是我们目力所及的例证。

商业理念也有可能演化为大规模的运动。有时候，一个洞见就可以引发一场革命，比如“来福车”[①]、爱彼迎（Airbnb）和“跑腿兔”[②]等公司对于旧事新做的创意；又比如谷歌、脸书、亚马逊、苹果和特斯拉等公司的企业家致力于让这个世界实现更紧密的联系、更简单的出行、更美好的环境和更便捷的生活；再比

① 来福车（Lyft）创建于 2012 年，总部位于美国旧金山，是全球最大的移动用车服务公司优步（Uber）的主要竞争对手，曾经以车头的粉红色大胡子为标志，2017 年以 476 亿元的估值融资超过 34.5 亿元，2018 年又以 151 亿美元的估值融资 6 亿美元。——译者注

② 跑腿兔（TaskRabbit）的前身是“为我跑腿”（RunMyErrand），创建于 2008 年，总部位于美国波士顿，是一个提供跑腿服务的网络平台，其用户可以在网站上发布组装家具、擦地板、复印材料、装饰派对之类的任务，由跑腿者领取任务并在完成后获得相应报酬。——译者注

如梅子有机食品公司、米舍①和起步网等造福大众的公益企业以实践向世人证明，赚得盆满钵盈和谋得世界进步是有可能同时完成的。

有意义的目标驱动型企业不但在驱动变革方面更加高效，而且在其他层面也能取得更好的结果，有事实为证。《企业文化与经营绩效》（*Corporate Culture and Performance*）的作者约翰·科特和詹姆斯·赫斯克特表示，跟没有价值观驱动的组织机构相比，有目标、有意义的企业往往能够保持更高的股价——二者可以相差1/12。[8]安永灯塔研究所（EY Beacon Institute）赞助的《哈佛商业评论》分析服务部曾发表过一篇题为《商业案例——论目标的意义》的研究报告，称"懂得利用目标的力量提高经营业绩和盈利能力的企业往往拥有明显的竞争优势"——在所有的样本中，有58%的企业在自己的企业使命中清楚描述了企业目标的意义所在，而另外42%的企业则未将有意义的目标列入优先级，没有予以重视。研究人员经过三年的跟踪，最后发现前者的增长率要比后者高出10%以上。[9]另外，共同的价值观对品牌关系也有推动作用：有64%的消费者表示，企业的价值观是他们选择与一个品牌发生交易的主要原因。[10]就企业内部来说，有意义的目标还有提高生产力、减少员工流失率和促进创新等好处。领英总

① 米舍（Method）创建于2001年，总部位于美国旧金山，致力于生产设计漂亮、环境友好、成分无毒、手感舒适但去污能力仍然很强的家居清洁用品，是美国成长最快的私营公司之一，2007年成为一家B型企业，2013年重组为公益性企业。——译者注

裁兼联合创始人里德·霍夫曼曾经说过："现在有越来越多的专业人士在找工作的时候，都会锁定那些可以让自己创造重大变革和经历个人成长的企业。那些意识到有意义的目标在当今职场上的重要性正与日俱增的企业不但更有能力吸引到这样的人才，而且更有能力让这样的人才留任更长的时间。"[11] 我在各式各样的组织机构中也曾无数次亲身经历和亲眼看到，当人们对一项有意义的事业产生归属感的时候，就会变得更有参与感，更有创造力，并与同事们建立起更稳固的工作关系，而这一切无疑都能带来更好的结果。

无论在商业领域，还是在更加传统的社会活动领域，运动都是始于为数不多的几个人，然后再如涟漪般扩散开去。可能所有人都以为，有些理念的价值大一些，而另一些理念的价值小一些。但关键并不在于此，而在于你看重的是什么。只要你愿意站出来，说一句："为什么不是我？为什么我不能成为解决那个问题的人？为什么我不能成为策划那项变革的人？"只要你能够运用从本书中学到的东西来鼓舞他人加入你的队伍，那么无论你要发起的运动是什么，都已经胜利在望了。

目标就是希望

除了我们个人的自我实现之外，发起和领导一项运动其实还有一个更为重要的理由——这个世界需要希望。

我们所生活的这个世界正在变得日益分裂、愤怒和恐惧，战争、政治分歧、种族歧视和偏见的抬头已经将它撕扯得支离破碎。在这个世界上，核扩散正再次成为一种与日俱增的威胁；气候变化正将所有物种、城市乃至我们的星球置于危险之中；女孩儿们正被剥夺受教育的权利，被贩卖和成为婚姻交易的牺牲品；我们的世界观分歧似乎超过了以往任何一个时候。所有这些挑战都可能让我们手足无措。

但值得一提的是，我相信我们已经拥有了希望。它就在我们所有人的内心，体现在我们所做的事、所说的话和我们对待彼此的方式之中。虽然它在一些人身上呈显性，在另一些人身上呈隐性，但不管怎么说，我们迫切需要的希望都已经存在于我们的灵魂深处。我们就是这个世界此时此刻所需要的领导者。有关暴力和偏狭的头条新闻固然让人揪心，但只要你将目光从这些内容上稍稍移开，就会发现有关善良、慷慨和勇气的动人故事，发现马纳尔、尼尔和梅根们的故事。

在这些故事的鼓舞下，我已经发起了自己的运动——将我们都有能力发起运动这一理念传播出去。现在，我希望你也能在这些故事的鼓励下，发起你自己的运动。本书将通过讲述堪称典范的真人真事和一些奇人异事，告诉你成功的领导者——无论是社会活动家还是创业者——在打造运动的道路上都会走过哪些步骤。书里还有一些故事是源自我个人的经历——我先后创立和领导过一家非营利机构和一家科技企业，又先后在雅虎、谷歌和脸书担任技术高管，还兼任母亲、姐姐、女儿和妻子的角色——包括我这一路上的各种失败和成功。本书第一章的内容是介绍有意义的目标有怎样的力量，以及列举不同种类的一些运动，从而说明任何人都有能力发起一项运动。第二章要谈到如何迈出发起运动的第一步，如何鼓起领导的勇气。第三章要说服你阐明自己的愿景，并着重介绍能够让你争取到第一批支持者的技巧。第四章要介绍能够有效影响决策者的方法和窍门。第五章要讲到如何鼓舞人们加入你的运动，如何让他们在你的团队中持续受到激励。第六章要谈到如何应对批评，因为在你的运动发展壮大的过程中，批评的声音往往也会随之增加。第七章要说明在面对障碍的时候该如何设法解决，在面对失败的时候该如何化害为利。需要指出的是，这本书并不是策略性的入门读本，不会为你逐步详解该如何组织一场集会，如何设计一幅产品路线图，以及如何发起一项请愿，毕竟这类内容在其他很多资料里都能找到。这本书的创作初衷是通过提供各种战略性的工具，让你能够领导运动，创建愿景，鼓舞士气，说服掌权者，克服看似不可逾越的障碍——让你能够引领变革。

我们每个人都拥有创造变革的力量。或许你将发起你自己的运动，一边克服各种障碍，一边调动支持者的积极性，直到运动取得胜利的那一天。或许你将加入别人的运动，贡献自己的声音，与大家共同宣告：“这件事很重要。”或许你将创建一个由热心人士组成的社群，然后他们再动员起来，创造变革。或许你将提出一个新的理念，让你的工作单位变得更好，或是创建一个新的企业，让一个重大问题得到解决。反正无论你做什么，行动力、创造力以及热情都不可或缺，而且其重要性如今超过了以往任何一个时候。

话说回来，你所需要的工具其实大多已经具备。围绕重大问题鼓舞人群和发起运动本来就是我们每个人都拥有的力量。无论你的运动或者你的事业是什么，你都有能力影响人们的生活。这本书旨在通过分享其他运动领导者的故事来鼓舞你，包括一些看似不可能发生的故事；通过介绍经过实践检验的各种窍门来赋予你力量，最终让你能在为这个世界创造希望的同时，自己也过上有目标、有意义的生活。一言以蔽之，管理者会接受这个世界的本来面目，而运动发起者则会满腔热忱地让这个世界变得更加公正、更加平等和更加美好。我们每个人都需要做一个选择：自己究竟是要做管理者，还是要做运动的发起者？

达成目标其实没有那么难

假如我们能够记住尝试新事物的感觉，记住我们能够熟能生巧的感觉，那么日后再面对这些时刻——我们有了一个想要追求的理念或是一个想要实现的变革时——就可以提醒自己：我们一定能够做到这件事，哪怕是——尤其是——在困难重重的情况下。

说得再多，想得再多，忧虑再多也无济于事，做才是关键。

——艾米·波勒（Amy Poehler）

坚信目标是可以实现的

在工作期间，我每天都能看到平凡的人们实现非凡的变革，正是因为受此鼓舞，我才决心将大家——从管理者到创业新秀，从青少年到为人父母者再到退休人员——发起运动的故事写成这样一本书。我由衷地相信，每一个人都有能力发起和领导一项可以改变世界的运动；你不必成为纳尔逊·曼德拉，也不必成为格洛丽亚·斯泰纳姆[①]，照样能够鼓舞人们实现变革。就连历史上那些规模最大的运动，也都是由关键人物一路上采取的相对较小

① 格洛丽亚·斯泰纳姆（Gloria Steinem）生于1934年3月25日，是《纽约》（*New York*）杂志、《女士》（*Ms.*）杂志和妇女媒体中心（Women's Media Center）的联合创始人，曾揭露“兔女郎”事件，支持合法堕胎，争取女性在政府部门享有职业平等……被视为美国女权运动的先锋。——译者注

却至关重要的行动作为燎原星火。若是没有罗莎·帕克斯①，没有“格林斯博罗四人组”②发起的静坐运动，民权运动就会变成另外一个样子。历史学家大卫·卡特的研究也表明，是青年流浪者率先在“石墙事件”③中抵制警察，才使其最终演化为同性恋的维权运动。[1]而《1990年美国残疾人法案》(Americans with Disabilities Act of 1990)之所以能够成功，则要归功于一系列的个人事件，比如一位女性脑瘫患者被一家电影院拒之门外，还有一位坐轮椅的越战老兵不但无法上下巴士，还要遭遇就业歧视。[2]

电影制作人兼威比奖④创始人蒂芙妮·斯莱恩曾经创作过一部名为《50/50》的优秀短片。在片中，她讲到了曾当选国家元首的女性数量——一共只有50位，并谈到了这个数量为什么至

① 罗莎·帕克斯(Rosa Parks，1913—2005)，黑人女性，1955年因为在实行种族隔离政策的亚拉巴马州蒙哥马利市一辆公共汽车上拒绝为一个白人男子让座而遭到逮捕，最终引发了一场公共汽车抵制运动。次年，美国最高法院宣布禁止在公共交通工具上实行种族隔离政策。美国国会称她为“民权运动之母”。——译者注

② 格林斯博罗四人组(Greensboro Four)指代四名黑人大学生，他们于1960年2月1日下午走入美国北卡罗来纳州格林斯博罗市中心的沃尔沃斯(Woolworth's)商店，在“白人专属”就餐区要求点咖啡，并在白人经理要求他们离开时表示拒绝，于是第二天就有更多的黑人学生加入他们的静坐队伍，最终迫使该商店在半年后撤除了“白人专属”就餐区。——译者注

③ 石墙事件(Stonewall riots)的缘起是1969年6月27日，纽约市格林尼治村的石墙酒吧内发生了同性恋拒捕事件，它被认为是美国乃至全世界现代同性恋权利运动的起点。在此之前，警方搜查同性恋酒吧和夜总会并将同性恋逮捕和登报已经形成惯例。——译者注

④ 威比奖(the Webby Awards)设立于1996年，被誉为“互联网界奥斯卡”，旨在奖励互联网界的突出贡献者。——译者注

今仍然如此少的原因。斯莱恩采访了联合国基金会世界女性领导人理事会的秘书长劳拉·里斯伍德，该组织的工作对象正是当前世界各国的所有女性领导人。在重大变革因何而起这个话题上，里斯伍德绝对算得上是第一见证人。当然，她所说的变革特指女性当选领导人这件事。她也认为，变革都是先始于小行动，再经历大发展。她说："尽管变革本身的历程都是从难以想象，到难以实现，再到难以避免，但必须有人推动它一路前行。[3]我经常将其比作群起喝彩现象：先是有几个人站出来说，他们这辈子从来没看到过这么精彩的演出；然后为数更多的另一群人起身说，是啊，是啊，这演出简直令人叹为观止；接下来又有一大群人起身说，对啊，对啊，这演出确实不错；最后，其余的人终于也起身了，原因是他们已经看不到舞台了。"运动与此类似，只要你知道自己的目标是什么，并专心迈好你的第一步，将其作为一个起点，就可以聚沙成塔，集腋成裘。

由于我的两个女儿都跳舞，所以我总是能在她们的演出现场见证到人类行动的这种"涟漪效应"（ripple effect）。一般来说，当某位舞蹈演员完成了一长串完美的旋转动作或一个高难度的杂技动作时，观众席上就会有一个人开始鼓掌，而几乎就在同一瞬间，涟漪效应产生，其他人也迅速加入鼓掌的队伍。（好吧，我承认，这通常会让我的两个孩子十分难为情，因为第一个鼓掌的人往往就是我……）当你成为第一个起身鼓掌的人时，就是在发起一项运动。

行动具有连锁反应

这第一份掌声有可能小如沧海一粟。2013 年 6 月 17 日，34 岁的厄登·古恩杜兹走到伊斯坦布尔热闹的塔西姆广场中央，开始一动不动地站着。从晚上 6 点到凌晨两点，他就一直保持着双手插兜的姿势，在那里静静地站了 8 个小时，以这种和平的方式表达一种无声的抗议——在此之前，一群社会活动家和游行示威者遭到了警察的暴力镇压，他们在那里搭建的一片帐篷也被拆除。

尽管在最初的几个小时里，他显得形单影只，但是几个小时之后，就开始有人加入他的队伍，接下来加入者越来越多，直到最后，居然有成百上千人陪他一起站在了那里。古恩杜兹很快就被人们赋予“站立的男人”这一称号，其形象不但鼓舞了塔西姆广场的人群，还鼓舞了土耳其的全体国民，乃至全世界的人民。通过“# 站立的男人”（# duranadam）这一主题标签，他的行动呈现出病毒式的传播趋势。人们纷纷站在遇难者被警察杀害的地方，站在轻视国民的反抗之心和关切之情的媒体机构门前，站在抗议者的代表律师们被殴打和被逮捕的法院所在地。

随着这桩热门事件的照片和视频通过社交媒体传遍世界，古恩杜兹这种不声不响也不动的抗议行为很快就鼓舞了全球的社会活动家摆出同样的姿势，并且激发了一种国际人民大团结的感觉。古恩杜兹看上去“什么都没做”，却像一点星火，在世界范围内形成了燎原之势，让人们越来越多地认识到土耳其国民所面临的问题。尽管那里的挑战仍未消失，但这种无声的运动却在一个关键时期为整个局势带来了关注度，从而成为这场持久战中的一个重要时刻。

站在塔西姆广场上的厄登·古恩杜兹（图片来源：马可·朗加里）

假如上面这个事例听起来太过遥远，那么就来听听下面这一个。刚上大学那会儿，我是赛艇队的一名年轻舵手，对这项运动充满了热情。所谓舵手，或者说“掌舵的”，就是一支赛艇队里坐在赛艇最后端的那个人，其职责是掌控赛艇的方向和速度，以及在训练期间提高团队的技术水平。另外，舵手还要负责制定战略，并在比赛期间激励和指导全体队员。

上中学的时候，我在旧金山的太平洋赛艇俱乐部当过两年男子赛艇队的舵手，那是一段难能可贵的经历，不但锻炼了我的领导才能，而且树立了我的自信心，毕竟对那个年龄段的少女来说，信心往往来之不易。我知道自己希望继续掌舵，也想当然地以为自己会成为大学男子队的舵手。但是当我进入康奈尔大学，告诉他们我希望为男子队掌舵的时候，却遭到了拒绝，他们对我说，女性是不可能为男子队掌舵的：男子队只收男性，女子队只收女性。

我认为他们的回答并不合情合理。

原因是什么？果真如此吗？为什么不行？

面对我的问题，他们给出了这样的答案："这么说吧，因为团队里都是男性，所以你的存在有可能会让他们分心。"显而易见，这是一个不能令人满意的答案，但很可惜，这也是一个亘古不变的答案。2015 年，有一群女性科学家因为听说她们在实验室里有可能让男性科学家工作太过分心，所以在推特上掀起了以"# 性感得让人分心"（# distractinglysexy）为主题标签的运动浪潮。当时莎拉 · 杜兰特博士[①]发了一句我最喜欢的话："最让你分心的莫过于一支装满猎豹粪便的采样管"。

所有教练的答案给我的感觉都像是借口，于是我就问他们："为什么不干脆让我试一下呢？假如结果证明我难当此任，那就别收我入队。但是我有相关经验，也相信我确实能够胜任，所以至少让我试试看吧。"

---

① 莎拉 · 杜兰特博士（推特账号为 @ SarahMDurant）是伦敦动物学会的资深研究员，曾在 2016 年发表过一篇研究论文，称全球猎豹仅剩下 7 100 只左右，正迅速接近灭绝的边缘。——译者注

“很抱歉，”他们说，“这是规定。”

我不理解“规定”二字为什么能够成为理由，但更让我郁闷的是，舵手这个角色所需的条件与性别分明一点儿关系都没有。事实上，女性在这方面可能还略占优势。一名优秀的舵手要拥有战略思维，要做到临危不乱，要擅长多重任务处理，还要善于了解和激励自己的团队。已经有研究表明，在一名出色的舵手所必备的关键技能中，其实有一些更偏爱女性，包括认知移情、多重任务处理，甚至抗压能力，至少在某些运动领域是如此。[4] 更何况舵手还要身材小，体重轻（在大学队里，舵手的理想体重是男子 120 磅，女子 110 磅）。所以没错，女性不但往往拥有过硬的必备技能，而且常常比男性更接近理想体重。

我知道自己完全符合条件，也相信自己将会成为男子队的优势，所以我继续不断地尝试。我分别找了两三名男子队的教练，他们给我的答案如出一辙——都是直截了当的“不行”。我又找了大学里的体育部主任，对他说，我认为他们的规定既不合情，也不合理，而他的回答同样是“不行”。他跟其他教练一样，也不明白我为什么如此在乎，为什么这件事如此重要。为什么我就不能担任女子队的舵手呢？因为我不希望先前积累的经验被白白浪费，因为我由衷地相信自己能够成为男子队的一名出色舵手。另外，尽管单就这场斗争来说，我是在为自己而战，但同时我也坚信，任何女性都不应该仅仅因为自己的性别就被迫接受“不行”二字。

虽然我对这项事业满怀热情，也愿意为之战斗，但最终还是屈服了。在“上访”过大学里的各级决策者之后，我感觉自己已经尽力了。我不知道接下来还能再做什么。如今回首，我对自己是有一丝失望的，当初真不应该那么轻易地就放弃了战斗。我很想知道，假如那时候有互联网（难道我真的这么老了吗？），我会不会尝试利用社交媒体，或是在线发起一场请愿，或是做些别的什么来唤起人们对这一事件的关注——我坚信这个问题需要人们的反思。但事后诸葛亮好当，先见之明者难做，所以事实是我永远都不会知道答案了。反正当时我的确是放弃了，最终进入女子队当了舵手。

不过结果证明，哪怕没有社交媒体，哪怕没有任何请愿，我采取的那些小行动也确实有其重要性。开学大约三个月后，我接到了体育部主任的一个电话。“自从你来找过我们之后，我们就一直在讨论这个问题，现在我们已经改变主意了，打算修改规定。所以假如你愿意的话，现在就可以去男子队当舵手。”他们经过几次讨论，终于确定只有根据技能（以及身材）而不是性别来决定这个岗位的人选，才称得上合情合理。

我惊讶于他们的转变，也没想到他们真的打算修改相关规定——一条带有歧视性的规定。由于当时我已经全心全意地效忠女子队，所以并没有转去男子队，不过得知他们在我的鼓励下修改了规定，我的内心还是为之一振。更好的事情还在后头，那就是由我掌舵的名为“大红”的大一新生女子赛艇队凭借精彩的表现，赢得了那一年的全国冠军。

就体育部修改规定这件事来说，让我最有成就感的部分并不是最终的结果，而是知道有了这个决策之后，其他的女性就不必再为同样的事情而斗争了。协助改变大学里的一条规定让我第一次尝到了为自己的信念挺身而出的感觉。自从有了这次经历，我就意识到哪怕是小小的行动，哪怕是孤单的声音，也能够创造持久的变革。几年过去后，我又一次回到了康奈尔大学，在与赛艇队队员聊天的时候，我问其中一个队员，现在有多少男子队的舵手是由女性在担任。“基本上所有的队都是。”她说，“这样才合情合理，对不对？”

的确，这样才合情合理，而且绝不仅仅是因为这个岗位对身材有要求，女性又恰好比男性更容易满足这个要求，如今之所以由女性担任男子队的舵手会成为多数大学里的常态，完全是因为她们能够胜任。

……

要想知道一个小行动究竟能带来多么重要的结果，不如现在就想象一下，当许许多多的小行动累积起来的时候，将会创造怎样的变革。实际上，也只有当许许多多的小行动和许许多多采取行动的人结合起来的时候，才能构成足以创造变革的力量。

实现目标的阻碍

话虽这么说，但万事开头难，比如当着所有人的面起身鼓掌这种事。还记得我在上一章里提到的萨拉·艾尔阿曼这位社会变革领域的资深人士吧，她就曾经告诉过我，之所以大多数人都不会采取行动去努力创造变革，原因主要有以下四种：

- 他们不相信自己能够成功。
- 他们缺少支持。
- 他们不明其法。
- 他们没有资金。

尽管只有当这些障碍全部被克服的时候，你才能够为自己想要支持的一项事业创造前进的势头，或是为自己想要追求的一个理想提供前进的动力，但第一个原因——不相信自己拥有引发变革的能力——才是阻碍大多数人迈出第一步的罪魁祸首。正因如此，从前人的故事中汲取力量才显得如此重要——当你听说已经有那么多的人采取过行动，并且成功地创造了变革时，你就能想象到自己将梦想付诸实际的样子。你会发现，为了自己追求的事业，平凡的人也能够做出非凡的事。而你看到的这种事例越多，就越有可能相信自己也能够创造变革，相信任何人都能够创造变革。

既然任何人都能够创造变革，那么，我们怎样才能将自己的善意转化为创造变革的实际步骤呢？我们怎样才能抛却杂念——那些妄言“我不能”或者“何苦呢？”的声音——转而明白，要想创造一项变革，我们真正需要的只不过是希望和目标感？

……

有时候，阻碍我们迈步向前、采取行动的其实是一种错觉，比如误以为我们在某项运动中还不具备发言权，比如误以为我们所在社群或公司的某项斗争应该事不关己，高高挂起。我自己曾经多次体会过这样的感觉。现在既然要写到我的人生，那么就不得不承认，身为一个白人，一个父母皆属中上阶层的美国人，我享有的特权不一而足。而且由于我一直都能感觉到家人的爱和支持，所以我还拥有“爱的特权”（love privilege）。所有这些优势无疑让我的人生轻松了许多，对此我心存感激。

除此以外，身为一名女性和一名犹太人，我还知道你有可能仅仅因为自己的身份就被这个世界区别对待，也略微了解那是一种什么样的感觉。再加上亲眼见到妹妹邦妮的一些经历——她是一个黑人，十几岁时成了我们家的一员——我得以窥一斑而知全豹，明白她所遭遇的各种挑战。我会通过聊天的方式，尝试对她的经历多一些了解。所以我不但能够通过自己的观察发现她不得不面对的直接的种族歧视，而且能够从她的口中得知她经常要面对的间接的种族歧视。举例来说，由于她生长在一个白人社区，上的又是多为白人学生的私立学校，所以总是有人对她说：“哦，你不是黑人啊。”这句话的本意很可能是一种恭维，实际上却会对她造成深深的伤害，更何况这句话还无视了一个现实，那就是她的日常经历仍与其他的美国黑人一般无二。

说来有些复杂。虽然人们不常谈到种族和特权，但这却是我们应该大谈特谈的话题。只有通过开诚布公的聆听和了解彼此的故事，我们才能打破由误解和厌恶经年累月构筑的壁垒。我们不应该任由害怕说错话的畏惧心理阻止自己采取行动，更不应该因此连提问的勇气都没有，特别是在我们明明心存善意的情况下。虽然在我们尝试成为盟友的过程中，可能会在方式方法上犯错，但总好过连尝试都不曾有过。而且通过参与对话，通过参加其他族群的运动，我们将会懂得，是什么让我们每个人独一无二，又是什么将我们所有人连在一起。

调整自我的心态

尽管我们当中可能有些人天生就比别人享有更多的特权，但是创造变革的能力却是所有人都具备的。经历过艰苦奋斗的人有精彩的故事可讲，而生活得相对轻松的人同样有自己的故事可讲。他们不必隐藏特权带来的内疚感，而是应该借此机会，利用那些特权做一些有意义的事情。

教会我这个道理的人正是我的母亲（她还教会了我很多其他的道理）。我的妈妈二十几岁的时候就嫁给了我的爸爸，但是正值新婚宴尔，她却惊闻噩耗：在她脖子的右侧发现了腮腺恶性肿瘤，要想治疗的话，不仅要经历一场大手术，还必须接受几个月的放疗。很难想象刚刚开始新生活的这对小夫妻当时担了多少惊，受了多少怕，毕竟前途未卜，他们既不知道她能不能挺过这场大手术，也不知道就算她挺过来的话，他们是否还能生儿育女，组建家庭。谢天谢地，切除肿瘤的手术成功地挽救了她的生命。但是在手术过程中，那位主刀医生不小心切断了她的一根面部神经，导致她的半边脸永久性瘫痪。

据我所知，我的母亲从来都只有一副样子。她的脸从来都没有变过——一张不至于让人们盯着看个不停的脸，一张不至于让人们对她问东问西的脸，一张不至于让人们问都不问就窃窃私语的脸。尽管是这样，她平时总是以令人难以置信的优雅和自信面对他人，从不怨天尤人，从不回避质疑，从不让生理缺陷挡住她的去路。生活中的她永远都带着一种坚如磐石、暖如旭日又有点斜斜的笑容，她一直通过自己的行为举止向我证明，因为她相信一切皆有可能，所以一切皆有可能。我亲眼看着她在三十几岁的年纪转行——辞去一份有关言语病理学的工作，跑去上商学院的夜校。作为一名女性兼一名后来者，尝试开拓一个新的职业领域已属不易，更何况她无从掩饰的生理差异还会带来额外的压力。但尽管如此，我的妈妈也没有放弃。当夜校让她无暇顾及其他的时候，她没有放弃；当她面试了 50 次（没错，就是 50 次）也未能得到一份工作的时候，她没有放弃。直到第 51 次面试之后，她才得以跨入顶尖人力资源咨询公司“韬睿”（Towers Perrin）的大门，并在那里度过了此后 20 年的职业生涯，最后还成了这家公司最成功的咨询业务合伙人之一。

这都是勇气使然。

在我的眼里，我的母亲无论是在谈及她的面部瘫痪时，还是在谈及她面对的其他障碍时，从来不曾问过一句："为什么是我？"倒是在谈及她认为有待解决的世界大事时，她总会问上一句："为什么不是我？"

我的父母小时候家境都很一般，只能说是勉强度日的那种，所以他们对自己得到的每一个机会都很珍惜，也很感恩。我的妈妈给我们讲过她上大学时候的故事，说她在那期间一直是半工半读的状态，花出去的每一分钱都要记账，这样才能确保自己撑过一整个月。也正是因为有了这样的经历，我的父母才会一辈子都勤勤恳恳地工作，并在事业有成之后，怀有一份回报社会的热情。我的妈妈从来不曾怀疑她有能力改善自己的生活，同样，她也一直坚信自己能够对他人的生活产生积极的影响，这一信念始终不曾动摇。从为他们关心的事业捐款，到成为红十字会急救队的志愿者（他们的汽车后备箱里常年放着相关物品），再到让邦妮——一个十几岁时就很出色的姑娘，如今是我的第三个妹妹——成为我们家的一员，我的妈妈和爸爸从未停止过前进的步伐。每当他们看到有事需要完成，就会亲自动手；每当他们看到有人需要帮助，就会伸出援手。他们总是在说："为什么不是我？"

那个问题——为什么不是我？——有着至关重要的意义，决定了我们这一生能否敢想敢做，参与到改善这个世界的事业中去。我们会有足够的勇气采取措施，实现变革，还是会袖手旁观，等着别人去行动？

我们中有许许多多的人在看到身边发生各种不平事的时候，会感到不知所措或是无能为力。还有许许多多的人明明拥有振奋人心的全新理念，也相信这些理念能够解决问题，却感觉自己掌握的知识不足以让梦想成真。我自己也曾多次处于那样的状态。如今每每回首，只能空留遗憾，真希望我当时能做更多的事情，真希望我当时能为某个痛苦的人提供更多的支持，真希望我当时能为我相信的事业或理念做更多的斗争。

“为什么不是我？”是变革的声音，是希望的声音。这个声音会让你迈出自己的第一步，进而追求一个目标，策划一项运动，纠正这个世界的错误，修补这个世界的裂缝，或是以创造性的解决方案满足人们的各种需求；这个声音会让你为自己的信念挺身而出，哪怕在这个过程中，你的双腿一直在瑟瑟发抖。

目标面前，人人平等

担心自己没有足够的经验或专长为一项事业做出贡献，倒也算是人之常情。但有时候，有意义的目标经由出人意料的声音说出，反而会成为最有效力的信息。密西西比州哈蒂斯堡的莎拉·卡瓦纳赫是一名颇具社会意识的青少年，出于对动物的热爱，她在 12 岁那年成了一名素食主义者。正是由于食素，莎拉无论吃什么，喝什么，都会十分留意成分表的内容。2012 年，也就是在她 15 岁的时候，莎拉在谷歌上搜索了她最喜欢的运动饮料“佳得乐”（Gatorade）瓶身标签上的成分表，结果发现一种她闻所未闻的成分——溴化植物油（BVO-brominated vegetable oil）。又搜索了一些资料之后，她了解到溴化植物油是用作起云剂，防止柑橘味饮料发生分离的，还了解到它含有与溴化阻燃剂相同的成分（溴），并且 1970 年就被移出了美国食品与药品管理局（FDA）的“一般认为安全”（GRAS-Generally Recognized as Safe）名单。溴化植物油在 100 多个国家——包括日本、印度和欧洲大部分国家——都已经被禁用，却仍存在于美国的功能性饮料和其他许多软饮料里。她认为这样并不合理。“我查了资料，结果最先找到的就是《科学美国人》（*Scientific American*）上刊载的一篇文章，里面谈到了溴化植物油可能导致的各种让人闻之色变的副作用。”她对我说，“这些副作用包括生育率降低，青春期提前，神经发育受损。就是这样一种会导致可怕后果的成分，居然出现在一种以运动员为目标用户的所谓健康产品里。我们早就知道这样对人体有害，而且这种信息的获取可以说是轻而易举，既然如此，为什么就没有人谈论它呢？为什么就没有人关心这种事呢？”

莎拉决定采取行动。由于她是动物权利保护的支持者，也为其他成功的请愿签过名，所以对变革网的流程可以说是轻车熟路，就这样，她亲自发起了一项请愿，要求百事公司去除佳得乐里的溴化植物油成分。至于人家会不会听她的话，就无从确知了。正如她对我说的那样：“我亲眼见过别人这么做，所以对这种方法的有效性还是相信的，但是当你亲自这么做的时候，就另当别论了。在你经历这样一个过程的时候，往往会认为自己与别人不可同日而语。”作为一名青少年，她觉得自己还不够格为这样一项事业发出呼吁，毕竟它是在要求一家跨国企业实施变革。莎拉说出了我们很多人都会感受到的一种畏惧心理："我没有要求谁必须关心在乎，也完全没有指望一家企业真的能听我们的话。"

但是莎拉的声音发挥了强大的效力，而且他们也确实听了她的话。实际上，可能正是由于莎拉的声音如此出人意料，所以当她为这件事发声的时候，才能够得到如此多的关注。人们之所以为这项请愿纷纷签名，既是因为关心自己的健康，也是因为受到莎拉的鼓舞。不但如此，他们在签名的同时，还在各自的圈子里分享了他们对这项事业的支持，从而大大提升了它的扩张速度。运动发起大约一个月后，收集到的签名就已经多达 17 000 个。这让莎拉兴奋不已，她暗想道："哇，这些可都是现实世界中的人啊；居然有 17 000 人读过我所写的东西，关注我关心的事业，还和我一起挺身而出。这实在是太酷了。"莎拉的请愿初见成效，引得一些媒体向变革网询问与之相关的信息。于是变革网的员工就联系莎拉，告诉她《今日秀》《奥兹医生秀》，以及很多别的渠道都邀请她去谈一谈自己的运动和溴化植物油的危害。

参加《奥兹医生秀》的时候，与莎拉同在演员休息室的还有一位来自公众利益科学中心的专家，那是一家知名的消费者维权组织，以食品安全和营养为关注焦点，是推动相关变革的核心机构，比如倡议在食品标签上标注反式脂肪酸的含量和减少反式脂肪酸的摄入。他告诉莎拉，他已经为禁用溴化植物油努力了很多年，却收效甚微。据莎拉向我转述："他说，'我只是想让你知道，我们这群人争取了数十年都没能做成的事情，你只用了几个月的时间就做成了。'"说来让人难以置信，一个 15 岁的少年在网上发起的一项请愿，居然能够在短短 6 个月的时间里就积聚起如此巨大的能量，吸引了举国上下的关注，而经验更加丰富的倡议者们却要为宣传他们的事业奋斗多年。

莎拉是佳得乐的小粉丝，她做这一切并不是为了损害百事这家公司的利益，而是希望通过呼吁，促使他们实施变革，这样她和像她一样的人在继续饮用佳得乐的时候，就会有一种安全感，相信自己的身体不会受到伤害。另外，由于她发起的运动得到了众人的支持，所以她并没有孤军奋战的感觉："人们会给我发电邮，还会在脸书上给我留言和在推特上跟我说话。大家一直都在源源不断地给予我支持，所以我从未感觉是在以一己之力对决一家大型公司。我的感觉就像是来自世界各地的人在和我一起对百事公司说，我们希望他们实施变革。"

不过，百事公司一开始并没有做出积极的回应，既没有回复电邮，也没有同意展开哪怕非常简短的一次对话。但是到了 2013 年 1 月，也就是她发起请愿不到三个月，百事公司突然宣布，将去除佳得乐里的溴化植物油成分，从而标志着莎拉的运动圆满成功。而她的脚步并未就此停止，曾经迈出的第一步又带动了第二步，然后是第三步：在首战告捷，赢得将溴化植物油从佳得乐中去除的运动之后，她又发起了另一场运动，要求可口可乐公司将同样的成分从"动乐"（Powerade）饮料中去除。最终，百事公司和可口可乐公司双双决定将溴化植物油从它们在全球售卖的每一瓶饮料中去除。

尽管先前已经取得了诸多成就，但这个巨大的转折点还是让莎拉震惊不已。“当我第一次得知溴化植物油会被完全去除的时候，禁不住哭了出来。”她对我说。哪怕事隔多年，再谈起那一刻还是会让她感慨良多，思绪万千，这不仅仅是因为她曾经奋力捍卫的一项事业取得了重大成功，还因为能够说服两大公司这件事清楚地说明了她作为一名倡议者的力量有多么强大。莎拉解释道：“作为一个女性，一个来自密西西比州的南方人，我一直感觉自己好像要付出更多的努力才能得到自己想要的东西，这感觉糟糕透顶，但是就在那一刻，我意识到自己真正做成了一件大事，一件真正具有重要意义的事。哪怕当初不是胜券在握也没有关系。反正我为之奋斗过，为了尝试改变现状，我投入了所有的情感和精力。而最后变革真的发生了。那是我人生中最充满力量的时刻。”

莎拉懂得了一个道理，哪怕自己不是发起这项运动的“最佳”人选，也还是可以照做不误，而且只要对自己的目标坚信不疑，她就可以坚持下去。“你尽管放手一搏，奋力争取，”她对我说，“千万不要小瞧了你自己，否则变革就永远不会实现。你不能坐视不理，幻想着另一个你无法媲美的人会有所作为。保持缄默又能有什么意义呢？”

这个道理适用于我们所有人。哪怕你感觉别人可能更有经验，也更有理由发出呼吁，但重要的是真正去做。既然一个来自密西西比州的青少年都能够为了让我们所有人喝上更健康的软饮料而发起一项运动，你也一定能够为自己关心的一项事业发起一项运动。关键是记住这个要点，莎拉并没有从一开始就扬言：“我要让世界上最大的软饮料公司将这种成分从它们的每一款产品中去除。”她一开始只是提出了一个建议，表达了她的观点——相信这种成分并没有存在的必要——然后再看看是否有别人对她表示赞同。一个 15 岁的少年最初采取的小小行动引来了铺天盖地的支持，并最终导致了变革的发生。

莎拉·卡瓦纳赫（右）与奥兹医生（图片来源：change.org）

是可为，孰不可为？

我们许多人之所以不会采取行动，都是畏惧心理在作祟。我们脑子里总是有一个声音在问：万一我失败了该怎么办？万一人们批评我该怎么办？万一我的理念一无是处该怎么办？与其这样，倒不如换个角度想一想，万一我们不肯屈服于那种畏惧心理，而是能够将其克服，持续前行呢？其实只要通过事先练习的方法，就可以做到这一点，具体来说，就是另外做一些让我们担惊受怕的事情。

在我成长的过程中，我的家人们经常利用缩略词来实现简明扼要的沟通。久而久之，就形成了一套我们自己的秘密语言。当然，那时候还没有发短信这回事儿，所以我们的实际做法是在冰箱上贴一张译表，让全家人都能够保持无障碍的沟通。其中有代表 Since You're Up（既然你已经起身）的“SYU”，就是当你坐在长沙发上，想要什么东西却又懒得亲自去拿的时候，可以使用这个词让人代劳；还有代表 Family Hold Back（家里人悠着点儿）的“FHB”，就是当我们邀人做客，却又突然发觉没有太充足的食物供每个人享用的时候，可以使用这个紧急代码提醒我们全家人比往常吃得少一点儿。到了我离家上大学的时候，这一传统还在继续发扬光大，又出现了代表 In My Sweats（我换上睡衣啦）的缩略词“IMS”，就是当你已经准备上床休息，却又收到朋友外出的邀请时，可以用这句简单的俏皮话来表示谢绝。还有代表 Geographically Undesirable（不占地利）的“GU”，就是当有人因为住得太远而导致一段潜在的恋情既不具可行性，也没有吸引力的时候，可以用这个词来形容他们。

你肯定会想，既然我练习过那么多简洁明快的缩略词，那么就不应该造出这么一个长得吓人的词——IICDTICDA，而是应该能够想出个更好的缩略词来代替。不过，就算这个词的拗口发音“易可特－提可达”毫无美感，也不妨碍它促使我做出了许多决定，并帮助我成为自己想要成为的人，它代表：If I can do this，I can do anything。意思是：

只要我能做到这件事，那么我就能做到任何事（是可为，孰不可为？）。

虽然我现在不是——也从来不是——一个无所畏惧的人，但是我很早以前就明白了一个道理：要想变得不那么害怕做大事或是做未知的事，唯一的办法就是另外做一些让自己恐惧的事情，而且要提早做，经常做。这样有助于让自己习惯畏惧和失败的感觉，相较之下，其他事情就会看似容易一些。

我第一次使用 IICDTICDA 这个词是在 15 岁那一年，当时我的父母送我去新墨西哥州参加一个专为问题少年组织的夏令营，其设计初衷是帮助孩子们建立内心的力量和勇气。我的父母前一年夏天曾经送我妹妹德布去过，她离开家的时候还是一个有点儿缺乏安全感，又有点儿容易焦虑的孩子，但回来的时候却脱胎换骨般地潇洒和自信。所以第二年夏天，父母就把我们两个都送了过去。

夏令营的活动很多，其中我记忆最深刻的一个是为期一天的绳索挑战活动——绳索的一端被拴在一个悬崖顶部，而下面的飞索则几乎与地面完全垂直。当时的情景至今仍历历在目，我记得我站在那儿，吓得全身瘫软，把每一个人都让到我的前面，结果只是让自己徒增了痛苦的时间。我看着同龄人一个个地在悬崖边一跃而起，紧接着就是一个似乎永远没有尽头的自由落体，直到轮到我自己。我的朋友们有节奏地喊道：“冰激凌啊苏打水，椒盐卷饼和啤酒，加油，詹，快点儿下来！”可想而知，此情此景并没有让我受到丝毫的鼓励。我本来可以打退堂鼓，说一句“我做不到”，毕竟我只是一个孩子而已，毕竟这只是一个夏令营而已，然而不知怎的，即便如此，临阵退缩似乎也不是个好的选择。我转念一想：我能不能这样说服自己，只要我能做到这件事，那么我就能做到其他许多让我害怕的事？（没错，即使在十几岁的年纪，即使正站在悬崖边上，我也还是要尽量做到理性思考。）

所以我做到了那一跳——既有现实意义，也有比喻意义。而且尽管我讨厌在那条飞索上经历的可怕下落过程的每一秒，但也因此意识到是什么给了我做这件事的勇气：就像我害怕跳下那个悬崖一样，我更害怕成为仅仅因为恐惧就放弃一个机会的那种人，而且是害怕得多。

在 IICDTICDA 的引导下，我又另外做了一些让我恐惧的事情，比如加入志愿消防队，又比如在大学里用一个学期的时间去巴西的亚马孙河研究雨林生态。其实我最开始是打算去意大利做研究的，但又想最大限度地利用这个海外研究的机会，并尽量远离自己的舒适区。于是，我从国际培训学校找来了目录，挑来选去，最终决定在雨林里待上一个学期。就这样，我在前途充满各种不确定性的情况下，收拾好自己的行装，登上了一架开往亚马孙河的飞机（确切地说是两架飞机、一辆巴士和一艘船）。

我知道无论从哪个角度来说，前往巴西都明显意味着困难重重——我有一半的时间要待在那个国家的偏远郊区，没有电，也没有自来水，而且到处都是野兽。然而事实证明，这些事情对我来说还不是最具挑战性的。诚然，蛇、狼蛛和巨大的毒蚂蚁的确为我制造了一些让人毛骨悚然的惊险时刻。但出人意料的是，对我来说最艰难的部分居然是语言不通和不能与周围的人交流沟通。尽管我学过其他的拉丁系语言，但没有事先学习葡萄牙语。我也知道会遭遇困难，但没有真正了解每日苦思冥想究竟是怎样一种感觉；可以说从醒来的那一刻直到入睡的那一刻，我每天都在头疼中度过，感觉自己就像个无助的孩子。正是在这样的情况下，我的努力换来了回报，在巴西的日子接近尾声的时候，我已经是个沟通强人了（尽管不能保证我的葡萄牙语在语法方面准确无误）。不过，正因为我在那段时间无法像平常那样轻松沟通，并从中体验到了挫败感，所以我才练就了对那些面临语言和文化障碍的人感同身受的能力，直到今天也是如此。总的来说，那段经历让我从此相信自己完全有能力适应许多全新的环境。假如你能提早迫使自己尝试以前从未做过的事情，那么日后再应对和处理严峻的挑战时，就会感觉容易得多——无论是在生活中，还是在职场上。而且是越恐惧越好哦——当然，必须是在合理的范围内。

值得一提的是，就算你曾经将自己置于可怕的环境中去练习克服畏惧心理的本领，也不意味着你从此就不会再感觉到害怕。比如我那次（拖家带口地）去印度拜访我们变革网的一个团队时，居然同意参加一项经过大家表决的集体活动：骑行旧德里。

现在我才意识到，有成千上万居住在德里的人每天都要骑着自行车穿过这座城市的这片区域，所以它本身并不算是一项富有挑战性的活动，但是每个了解我的人都知道，我是最不可能也最不愿意骑着自行车穿过拥挤的城市的人。我生长在旧金山，那里到处都是陡峭的山坡，所以骑自行车看起来更像是一项极限运动。结果就是，我直到二十几岁才学会骑自行车。（说来非常惭愧，在学习的过程中我经常摔跤，而大多数人看到成年人从自行车上摔下来都会倍感意外。）

从理论上来说，这项挑战已经让我紧张得无以复加。但是当我真的骑上自行车，戴上头盔，跟在我的丈夫和两个女儿后面，身边又围绕着飞驰的摩托车、嘟嘟车[①]，其他的骑行者、步行者和几十头牛，我的紧张情绪居然进一步升级，以至于到了完全恐慌的地步。我既担心自己，也担心我的家人，特别是我年轻的女儿们。我确信我的团队成员一定会对此表示理解并放我一马。如果我们不想集体冒着生命危险骑在两个轮子上，还是有很多别的机会进行团队建设的——就算方法老套也一样有效。但是一如既往地，我就是不能对脑子里那个让我以身作则的声音置若罔闻。另外，我也不希望自己的畏惧心理拖累了女儿们。

假如不考虑有两个人被我的自行车撞到（好在我骑得比蜗牛还慢，所以他们并没有受伤），也不考虑有一头牛将尾巴甩在我脸上的话，我们的旧德里冒险之旅绝对算得上是一段奇妙的经历。不但我最终活着把这个故事讲了出来，就连我的女儿雷切尔和艾玛也干得相当漂亮，她们全程骑在我的前面。她们在车水马龙中穿行而过的本领和在各种障碍物面前的应变能力都比我强太

① 嘟嘟车（tuk tuk）是南亚、东南亚、中南美洲常见的一种交通工具，一般是非封闭式的电动三轮车。——译者注

多，以至于在那种紧张到极点的骑行过程中，我居然还有茅塞顿开、领悟人生的一刻：她们自己的畏惧心理一定会在她们坚毅的目光下甘拜下风，她们一定会勇往直前，顺心遂意。

我经常听创业者说，是无所畏惧的心理带领他们走向了成功。但就我而言，成功并不是因为内心没有畏惧，而是因为我即使心存畏惧，也愿意继续前行。在心存畏惧和坚持向前的过程中，我会看到真正的勇气。事实上，或战或逃反应（fight-or-flight response）已经在我们的基因中根深蒂固，所以避险心理完全是一种本能，害怕危险的事情是十分正常的。正是由于有了畏惧心理，我们才不至于一头栽进对生命确实存在威胁的境地，才能得到保护，免受伤害。不过在现代生活中，失败成了我们畏惧的主要对象。我们许多人为了回避让自己恐惧的东西——或是户外探险，公开演讲，向人告白，或是尝试一份看似风险巨大的工作——而不惜付出大量的时间和精力。可是换个角度想一想，如果我们没有一心想着规避风险和不确定性以及让我们恐惧的各种事物，而是抓住了这些机会呢？

有一个鲜有人谈及的小秘密——你做任何事情的第一次，都意味着你从来没有做过这件事情。这个道理适用于所有人，我人生道路上的每一个里程碑当然也包括在内：我迈出的第一步，我上学的第一天，我的第一个吻，我的第一个孩子，我的第一份工作，我当上经理的第一天，我当上首席执行官的第一天……总之，你懂的。这个道理同样适用于我们身边的每一个人，无论他们看起来多么仪表堂堂，无一例外地都有自己的“第一次”。经过一番努力之后，我们不但能够成功地度过这些第一次，还能够随着时间的推移，变得对这些活动熟门熟路。然而，一旦我们获取了专业技能，往往就会忘记第一天的感觉，于是再次畏惧失败。换个角度想一想，假如我们能够记住尝试新事物的感觉，记住我们能够熟能生巧的感觉，那么日后再面对这些时刻——我们有了一个想要追求的理念或是一个想要实现的变革时——就可以提醒自己：我们一定能够做到这件事，哪怕是——尤其是——在困难重重的情况下。

勇敢迈出第一步

明白了这一切，还要记住：迈出第一步是你能做到的最重要的事情。哪怕是你最初感觉无足轻重的行动，也有可能引发重大的运动。艾莉·韦伯的经历就是如此。她是一名专业造型师，与她的哥哥也就是我的老朋友迈克尔·兰道共同创建了一家专门为人吹头发的全国性连锁美发店“吹风吧”[①]。

艾莉将大部分的童年时光，还有她的个人生活和职业生涯全都用于驯服自己那不守规矩的头发了，直到终于掌握了吹头发的

① 吹风吧（Drybar）于2010年在洛杉矶开设了第一家实体店，营业收入为100万美元，到了2015年，所有店铺的营业收入就超过了7 000万美元。据统计，每个月有10万人到“吹风吧”吹头发，其中有30%的客户会一个星期光顾两次。——译者注

技艺。而且在头发被吹干的简单快乐中，她居然发现了惊人的力量。她告诉我说："我是天生卷发，所以当我还是个小女孩儿的时候，就常常央求妈妈把我的头发吹直。当然，那时候我还不能清楚地表达这个意思，只知道当妈妈愿意给我吹头发的时候，我就会特别快乐，感觉特别美好。"

艾莉知道，"富有挑战性的"头发绝对不是自己一个人的专利——作为一个头发生来就特别卷的人，我心有戚戚焉——所以她有一种直觉，其他女性一定也喜欢有人为自己吹头发。(迈克尔一开始对此不以为然。他对我说："坦白讲，我不明白为什么一个女人会需要别人为她吹干头发。反正我没有头发，所以也不用吹干。")

艾莉的丈夫卡姆从事广告、设计和品牌建设工作，于是亲自为她做了一个网站。"我们给它命名为'上门直发造型'(Straight at Home)，"她对我说，"用卡姆的话说，假如我们有一个十分优秀的网站，人们就会愿意给我打电话，事实果真如此。我所做的只是把网址发布在很多妈妈的博客上，然后就什么都不管了。"按照艾莉的理解，"吹风吧"的雏形只不过是一个走出家门、赚点外快的方式，而且做的还是一种让她乐在其中的事情。所以最开始的时候，她都是背着一个装满梳子和美发产品的大袋子，去所有这些"妈妈身份的好友"家里为她们吹头发，并每次收取40美元的费用。她对自己的这项工作非常满意，更何况还能自由安排工作时间。

接下来，她的生意竟然越来越红火。人们纷纷爱上了这种服务——凭借着伟大的构想，她最终用自己的双手发起了一项运动。正如她对我所说："后来这个小生意越做越大。当我实在忙得不可开交，一个人应接不暇的时候，才发觉自己已经走到了一个十字路口：究竟要不要扩张业务，要不要聘用其他造型师来填补需求缺口呢？就这样，我和迈克尔开始讨论开一家实体店，如此一来，女顾客们就可以来找我，而不是我去找她们。整件事情的发生和发展就是这样。但当时我们的计划中也只有这一家店铺而已，从来没有针对现状设计过什么宏伟的蓝图。"

所以说，艾莉迈出的第一步很小，而且当时她也不确定这一步会带来什么样的结果。不过在整个过程中，她的另一种洞见起到了颇为关键的作用，那就是她知道自己不必事事亲力亲为。事实上，艾莉和迈克尔都认为"吹风吧"之所以能够成功，要归因于四位各怀奇才的合伙人共同构成了恰巧为成功所需的综合性领导团队。除了艾莉、卡姆、迈克尔之外，他们的朋友乔希·海特勒也是创始人之一，他是一位不同凡响的建筑师，当初同意设计第一家店铺来换取公司股份。就像迈克尔对我说的："我们有一位出类拔萃的设计师兼建筑师为这项事业提供完美的创意，为之流血流汗又流泪。还有卡姆这位我们永远都请不起的营销和广告奇才——还好他是艾莉的丈夫。我们又有艾莉，她既有理念和构想，又有美发知识，知道该如何推动整个事业的发展。然后还有我负责业务方面的事情。就这样，我们四个人构成了一支全才的队伍。"

在几位合伙人的帮助下，艾莉先是将那个理念变成了位于加利福尼亚州布伦特伍德的一个实体店，然后又将"吹风吧"打造成了今天这个样子——一个蒸蒸日上的人气品牌，在美国和加拿大共有 70 多家店铺，产品在丝芙兰（Sephora）、诺德斯特龙和其他零售店都属畅销品类。

在“吹风吧”运动的背后，有一个非常重要的洞见：美好的外表能够带给人们美好的心情。如此一来，人们就会有信心去实现其他的目标。一个起步于小微生意的理念，最终发展为成长迅速的事业，全因它的存在具有一个关键性的意义：让女性感觉更自信。迈克尔后来终于有点儿明白个中奥妙了。正如他对我所说：“虽然在这个问题上，我比卡姆和艾莉都后知后觉，但是私底下，我有时也会记起自己上大一那年，曾因为开始脱发而性情大变。从小到大，我一直都是个外向的人，但是脱发那段时间，我感觉整个人都不好了。我们的一位客户跟我同病相怜，所以能一语中的，她说，在来到‘吹风吧’之前，她也有一种整个人都不好的感觉，于是我想，‘我的天啊，如果一位女性的感觉和我在大学期间脱发的感觉差不多，那么我就明白这里面蕴藏着多么大的机遇了。’”

这个巨大的机遇包含两个层面的意思：一是赋予人们自信心——当他们对自己的外表感觉良好的时候，就会信心倍增；二是建成一家大型的企业。他们的顾客经常大谈特谈光顾“吹风吧”是怎样一种让自己信心爆棚的体验，比如你会在推特上看到下面这样的评语：“感谢‘吹风吧’！你们总是让我感觉信心十足，你们的造型师总是无与伦比！”；还有“爱的一天从‘吹风吧’开始，我总是带着卷发而来，带着信心而去。对此我深表感谢”。“吹风吧”运动的规模可以说是与日俱增，而其潜在顾客还在希望它大上加大。在“吹风吧”的脸书页面上，你会看见美国各地的人们都在要求“吹风吧”前往他们所在的城镇：

“请把‘吹风吧’开到埃文斯顿来。”

“请到北卡罗来纳州的查珀尔希尔来！”

“未来有没有可能在纽约州的布法罗开一家‘吹风吧’？（请一定要说‘有’。)”

“请到威斯康星州的麦迪逊来！！！这里需要你们！”

“你们什么时候能在加利福尼亚州的韦斯特莱克西部开一家店！！？？你们得来卡平特里亚！！还得来圣塔芭芭拉！！”

尽管艾莉一开始的时候没有料到这种结果，但她的一个起步还是促成了如今的全国性运动。

我们每个人都有力量创造变革，都有力量领导我们自己的运动，无论这运动是大是小，是本地化的还是全国性的，是有关新的法规还是新的企业。它们的起步方式如出一辙，都要有一个人愿意承担一份风险——成为第一个起身鼓掌的人。

学会讲一个激动人心的故事

若是你能用感人肺腑的故事传播自己的愿景，将有助于人们深入了解它的含义和重要性。假如你能够赋予自己的愿景——一个抽象的目标——一个具体的故事，说明它对个人会产生怎样的影响，那么它的影响力将会呈现指数级的增长。

假如没有愿景，再怎么全情投入也只是一枚无装置可配的电池而已。

——肯·奥莱塔（Ken Auletta）

确定愿景

任何一个成功的运动，其第一步都是创建一个清晰而吸引人的愿景，借此说明这个运动想要实现什么样的结果。愿景是你理想中的未来，而意义是你有此理想的原因。你要问一问自己：你希望这个世界变成什么样子？让这个世界变成那个样子为什么如此重要？最成功的那些运动都既有一个清晰的愿景，也有一个明确的意义，这样才能让别人既明白你努力的方向，也明白他们为什么应该帮忙。

运动之所以有前进的动力，是因为受到一个愿景的驱动，而这个愿景中又蕴含着一个有意义的目标。本书前文中提到的那些人尽管都起步于一个小小的行动，但无一例外都是从一开始就拥有一个清晰的愿景和明确的意义。在梅根·格拉塞尔的世界里，年轻的女孩儿们之所以能够买到适合她们年龄的文胸，是因为像她妹妹一样的女孩儿们需要有更好的选择来按照自己的节奏成长。在尼尔·格里默的世界里，父母们之所以能够轻而易举地为自己的宝宝买到有机食品，是因为忙碌的父母们理所应当为他们的宝贝提供健康的食品。

人们在新成立一个组织机构的时候，往往会创建愿景和使命：前者是为了阐释理想中的未来是什么样子，后者则是为了说明为了实现这个愿景，这个组织机构打算做些什么事情。其设想是这样的：假如能够在一个足够大的范围内赋予人们创造变革的力量，就应该能够带领人们前往一个理想中的未来世界，在那里，没有人再感到无能为力。

一旦你有了一个清晰的愿景（理想中的未来或是理想中的地方）和明确的意义（为什么），那么接下来就可以设置一项任务（是什么），制定战略和战术（怎么做），设定目的和目标（做到什么程度）了，也只有这样，你才能够确保自己走上实现愿景的正确道路。而且当这段旅途陷入困境的时候，你的愿景还可以发挥指南针的作用——既为你自己，也为你的团队。每一个运动的存在都离不开一个能将人们团结在一起的愿景，而且对这个愿景的描述越清晰，就越容易调动人们的积极性去实现它。

若是你能用感人肺腑的故事传播自己的愿景，将有助于人们深入了解它的含义和重要性。可想而知，真人真事肯定会给我们留下较为难忘的记忆，比如梅根和妹妹逛街买文胸，又比如尼尔和妻子深夜制作婴儿食品，他们的故事有助于我们看到其运动背后的激励因素。你还可以突出强调个别人的故事来说明愿景会对人们产生怎样的影响，而不是笼统地泛泛而谈。政客们都是深谙这种技巧的大师。在倡议特定政策的同时，他们往往会邀请一些可能受其影响的个人或家庭到场聆听他们的演讲。这些人的出席可以让政客们的愿景和目标更容易为人们所理解和接受。

马歇尔·甘兹是哈佛肯尼迪政府学院（Harvard Kennedy School of Government）公共政策专业的高级讲师，也是一位因与农场工人联合会（the United Farm Workers）合作而闻名的社会活动组织专家。他曾经提出，一个公开讲述的故事应该由三部分构成：一个是关于自己的故事，一个是关于我们的故事，还有一个是关于现在的故事。在关于自己的故事中，你可以讲述你个人的目标有何意义——你要呼吁什么，呼吁的内容对你来说为什么至关重要。这个故事可以是你必须克服的个人挑战，也可以是对你有所激励的特定人物或经历。在关于我们的故事中，你可以描述自己希望哪些人群加入你的队伍，以及你们有哪些共同点可以鼓舞他们加入。这个故事的核心内容应该是你们共有的身份和价值观，以及这些共有的价值观能够如何说服他们采取行动。在关于现在的故事中，你可以阐释立即行动的紧迫性。按照甘兹的建议，这个故事的核心内容应该是你和你的支持者共同面临的挑战，你希望支持者采取的具体行动，以及当支持者与你马上采取行动之后，能够实现什么样的愿景。你可以在网上找到甘兹公布的工作簿，根据其内容的指引，学会利用自己的故事、我们的故事和现在的故事来创作你自己的公共叙事。[1]

讲故事是社会活动组织者运用自如的一项技巧，也是企业领导者应该考虑勤加练习的一项技巧。假如你能够赋予自己的愿景——一个抽象的目标——一个具体的故事，说明它对个人会产生怎样的影响，那么它的影响力将会呈现指数级的增长。我已经发觉，以一种真心实意的方式传播愿景的能力曾经让我在职业生涯的许多节点受益匪浅。我经常讲述的一个故事与我十分关注的一项运动有关：为孕妈们在工作单位争取权益。当领导者听说了那些真人真事后——比如哺乳期的女性要想办法在洗手间里挤奶，又比如当停车位间距过小时，孕晚期的女性连车门都出不去（没错，我就遭遇过这样的情况）——许多公司都立刻对相关规定做出修改。（值得一提的是，在为所有女性争取平等待遇这条路上，要做的事情还有很多。）

一项运动的成功要素组合包括：

一个描述清晰的愿景，要生动呈现你希望看到的世界面貌

＋

一个有意义的清晰目标，要佐证那个愿景对你和别人来说为什么至关重要

＋

一个或几个扣人心弦的故事，要有助于将你的愿景和目标变成现实

赋予愿景以有意义的故事

汉克·亨特的人生曾经完美如画。他在阿肯色州的小石城长大，是一个“典型的南方男孩儿，会淘气地在自行车上玩儿抬前轮的时髦车技，也会拽女孩儿们的马尾辫”。1972年，他搬到得克萨斯州，与中学时期的恋人喜结连理，又生下了两个女儿。汉克是以宪兵军官的身份加入武装部队的，他说，他相信自己在那个岗位上做了很多好事。虽然他没打算大张旗鼓地发起一项运动或是改变这个世界，但是他说自己“向来都是那种一看到有人需要帮助，就会不遗余力伸出援手的人”。

然而2013年12月1日这一天，悲剧突然降临。当时汉克的妻子正在沃斯堡参加一个圣诞展销会，大约午餐时间，她打了一个电话给家里的汉克，对他说，他们的女儿卡丽失联了，不过，这似乎也没什么不寻常的。但是几分钟后，当他又试了几次，却仍然得不到回音的时候，才第一次感到一阵担忧，因为他的女儿几乎每次都会接他的电话。后来他的妻子又告诉他，卡丽的丈夫刚刚在社交媒体上发了这样一句话：“我的天啊，我简直要崩溃了。”这下汉克真的坐不住了。他给警局和医院打了电话，想看看卡丽是否进了医院，或者他们是否因为家庭纠纷而进了警局。他知道，假如警局里的人说：“我让一位警探给你回电话好吗？”那就意味着情况不妙了。

情况真的非常不妙。汉克很快就会发现，他的女儿卡丽在一家酒店的浴室里被分居的丈夫刺伤了，而当时她的三个孩子——分别是 2 岁、4 岁和 9 岁——就待在与浴室仅仅一墙之隔的卧室里。在母亲的尖叫声中，汉克年龄最大的外孙女曾尝试拨打 911 为母亲求助，但是却没能拨通电话。就像大多数的孩子和成人一样，她不知道在酒店里要先拨一个 9，然后才能打外线电话。在无法拨通 911 后，她又尝试向酒店员工求助，并最终找到走廊对面的一位住客，那位住客先是尝试救援，然后又成功拨通了 911。在电话终于接通的 9 分钟后，救护车抵达。

可不幸的是，一切为时已晚。卡丽当天就去世了。

尽管天降横祸，痛失亲人，但也正是从那时起，汉克开始不知疲倦地为自己的愿景全力奔走：《卡丽法》（Kari's Law）将要求酒店和其他企业取消电话系统对紧急呼叫的限制，也就是在拨打 911 之前，不需要额外拨打任何号码。在汉克所憧憬的世界中，每部电话都应该可以用同样的方式拨通 911，这样别人就不必再面对他外孙女那天所承受的可怕痛苦了。正如汉克对我所说："尽管这条法律有可能被冠以卡丽的名字，但真正鼓舞我为之努力的却是我的外孙女。事情发生后，我把她抱在腿上，坐在警局里，我甚至无法形容她脸上的表情。她仿佛是在寻找什么东西，一直到处看来看去。她说，'外公，我试了四次，可电话就是打不通'。然后我恍然大悟——她当时是在酒店里，而酒店的电话系统要求先额外拨打一个号码，然后才能接通外线。但她对此一无所知。当我看着外孙女的脸，听着她告诉我事情经过的时候，我就知道一切都是我的错，是我们所有人的错。每一个成年人都应该为此受到谴责，因为是我们教会了孩子拨打 911，是我们将这个号码广而告之，让它如今出现在消防车上、警车上，简直是无处不在。但是，却没有一处做了这样的说明——‘请拨打 911，除非你身处一家酒店或是办公场所，或是任何一个需要先额外拨打一个号码才能接通外线的地方。’除非我们能改变这一切，否则孩子们就必须重新学习如何拨打 911。”

当你听到汉克的故事、卡丽的故事，还有卡丽女儿的故事，十有八九都会像汉克一样，迫不及待地想要修补这个漏洞。汉克的故事赋予了他的愿景以力量，而改革 911 的愿景又演变成了一项运动。有 60 多万人为汉克的请愿签名，在汉克的努力下，《卡丽法》在包括得克萨斯、纽约、伊利诺伊、马里兰和田纳西在内的几个州获得通过。最终，这项法案于 2017 年 1 月经众议院全体通过，又于 2017 年 8 月经参议院全体通过，再于 2018 年 2 月经特朗普总统签署立法——标志着这项运动取得了巨大的胜利。虽然汉克·亨特说，要想实现他的愿景，确保同样的遭遇不会发生在另一个孩子身上，他还有好长一段路要走，但如今这个愿景已经指日可待，而且一路行来，他也创造了不可小觑的变革。可以说，正是他的悲剧故事点燃了他和其他人的热情，促使他们共同加入这项为《卡丽法》而诞生的运动。

以愿景为导向制定战略

拥有一个清晰明了的愿景还有一个好处，那就是当事情没有按照你的计划发展，而你需要改变方式方法才能实现愿景的时候，它会帮助你做出适应性调整。实际上，用于实现愿景的战略本就需要不断改进，这种情况屡见不鲜，毕竟世界在变，而且随着信息收集得越来越多，你也会越来越清楚哪些战略有效，哪些战略无效。克里斯·阿特盖卡就是这样，当他对自己尝试解决的问题有了更加深入的理解后，终于制定出了适宜的战略。克里斯出生在乌干达的一个小村庄里。7 岁的时候，他目睹了父母双亲在 6 个月内相继死于艾滋病。尽管自己年纪尚小，但他却要照顾 4 个更加年幼的弟弟妹妹，当时 5 个孩子已经无家可归，而且不得不乞食度日。最后，他们被分别送到不同的家庭去生活。克里斯认为自己算是幸运的。他先是得以住进一家孤儿院，还上了小学。后来美国有一个家庭资助他在乌干达上了私立中学，然后又在他上大学的时候，帮助他搬来加利福尼亚州，与他们一家人同住。他毕业于加州大学伯克利分校，先后获得了理学学士学位和机械工程专业硕士学位。

在克里斯 9 岁那年，有一个弟弟生病了，于是克里斯和另外一个家人背着他，赶往距离他们最近的一家医院——在 10 英里之外——结果弟弟在途中就死去了。目睹那些最亲的人因为得不到医疗服务而去世后，克里斯意识到，创建一个人人都能享有优质卫生保健服务的世界是一件迫在眉睫的事情。他第一次尝试创业就是成立一家名为“生命骑士”（Rides for Lives）的非营利机构，意在生产摩托车之类的交通工具作为救护车，让乌干达的农村人口也能享有卫生保健和教育服务。

但是随着对这个问题的了解日益增多，他意识到自己用于实现愿景的方法需要改进。他原来的做法是基于这样一个假设——解决问题的关键在于让更多的人能够前往医院。正如他对我所说："我们把生产乡村救护车作为第一步的举措。要知道，当你住在农村的时候，一旦遇到什么紧急情况，那可就太倒霉了。在美国，一旦遇到紧急情况，你可以拨打 911，然后就会有人出现，你就可以入院获救。但是在我们那里的农村，一旦你遇到紧急情况，简直就是叫天天不应，叫地地不灵，因为那里没有 911 这种东西。"

但是就算他们生产了几百辆交通工具，运送了几千名病人，也还是绕不过同一个问题。"你把人送到医院之后，却找不到医生看病，"克里斯对我说，"他们连一个医生都见不到。就算能见到，也要等两三天或是三四天才能轮到他们看病。有时候人们还没等到看医生的机会就去世了。"

于是，克里斯"重拾他的工程师身份"，开始尝试第二种做法。他不再送人们去医院，而是把医院带到人们身边。现在医生、化验室和药房全都被安置在了一辆巴士上。如此一来，病人就不用再去医院，而是由他把医院带到病人身边。不过，这种做法仍然存在一个问题：当流动医院下乡的时候，由于排队的人太多，人们还是无法迅速得到他们需要的卫生保健服务。

看到这些长龙般的队伍，克里斯意识到，如果医生的数量寥寥无几，那么这种流动医院的做法就不太可能奏效。无论他是把人们带到医院，还是把医院带到人们身边，都没有足够的医生和训练有素的医务工作者为人们提供所需的服务。但是克里斯没有就此放弃。他又一次调整了工作的重心，创建了“卫生保健服务队”（Health Access Corps），其使命是“以可持续的方式强化撒哈拉以南非洲地区的卫生保健体系，利用本地人才解决服务水平低下地区的卫生保健人员极度不足的问题”。尽管撒哈拉以南地区的54个国家中，有38个国家配备了一所或多所医学院校，并且每年都在输送卫生保健专业的毕业生，但是该地区的卫生保健体系仍属于世界上相关专业人员最匮乏的地方之一。克里斯对我说：“他们留不住自己培训出来的人才，所以我们要做的是为即将毕业的年轻人提供支持，让他们能够留下来为当地人口服务。”

一旦克里斯确定了人才外流才是阻碍他实现愿景的主要因素，一个解决方案就日渐清晰起来——他要为医学工作者设立为期两年的带薪实习计划。正如他在接受美国国家公共广播电台（NPR）的一次采访时所说：“当前存在的一种误解是，一名刚刚毕业的、才华出众的、受过高等教育的医生不需要任何帮助。在这种思维方式的影响下，我们未能付出足以让他们留下的补偿和报酬，所以才造成了他们不断流失的后果。”[2] 现如今，乡村救护车、流动医院和非洲卫生保健专业实习生这三样成果都成了“卫生保健服务队”的组成部分，共同致力于实现克里斯的愿景——人人都能享有卫生保健服务。

克里斯这一生——从他早期为自己的生存而战，到近期为他在撒哈拉以南的非洲地区普及优质卫生保健服务的愿景而战——无时无刻不在展现他坚如磐石的决心。他的故事不但燃动了他自己的热情，加入其运动的其他人——“卫生保健服务队”的工作人员、合伙人和投资人，比如谷歌、联合国基金会、纽曼基金会（Newman’s Own Foundation）——也付出了满腔热忱。由于克里斯最初的理念无法完全实现他的理想，所以他不得不一而再，再而三地调整自己的战略，但是每一次他都能从中学到新的东西，知道当前的理念为什么无效，还知道应该如何加以改进。正是由于对自己的终极愿景有着无比清晰的认识，所以他才能够在各个战略的渐次进化中不断接近愿景实现的那一天。

成功概率最大化的方法

一旦你有了一个吸引人的愿景，对愿景背后的意义也有了清晰的描述，那么下一步就是思考该如何将其变为现实了——你要采取哪些步骤才能发动并维护那项运动，最终获得你想要的结果呢？有一套名为“变革理论”的方法，是社会变革组织、非营利组织，还有很多政府机构普遍采用的手段，它可以让实现理想变革的成功概率最大化。具体来说，这种方法就是先从你想要实现的目标开始，然后确定达到那些目标所必需的先决条件，并厘清在此过程中每个结果之间的联系。不同于大多数组织机构的典型做法——设定目标并用一套指标对这些目标进行衡量——“变革理论”是专门分析你的目标与你尝试实现的最终结果之间有何联系，以及目标与目标之间有何联系。根据“变革理论”，你的关注焦点应该是在某个流程中，一个步骤怎样才能成为下一个步骤的先决条件，也就是从你想要的结果开始，用倒推的方法判断和确定采取哪些步骤才能达到这样的结果。你需要做哪些事？你需要说服哪些人？这一个步骤真的会通往下一个步骤吗？遵循这些步骤真的能让你达到自己的目标吗？说得再简单些，“变革理论”就是对能够通往理想结果的各个步骤做出一种假设：A + B + C = D。

举例来说，在获得成功的每一项请愿都离不开一套行之有效的“变革理论”。对请愿的发起者来说，他们心目中的愿景或结果是否能够实现，取决于他们是否能够说服某个真正有能力创造理想变革的决策者（政府官员、企业高管等）。所以就一项请愿来说，行之有效的“变革理论”应该包括三个部分：一是确保你找到正确的决策者，二是提出一个这位决策者有可能同意甚至欣然同意的要求，三是勾画出一个不可抗拒的理由让他们说到做到。假如你以自己想要的结果——你的愿景——为起点，就能倒推出你需要采取哪些步骤、影响哪些人才能促使其发生。每一项运动都有自己独一无二的“变革理论”，其制定依据就是这一运动的愿景以及实现这一愿景所必需的先决条件。

作为一家企业，也有一套“变革理论”来说明它打算如何实现自己的愿景，其内容如下：

- 首先，为组织者提供必要的工具和支持，让每个人都有能力发起一项有效的运动。
- 通过引人入胜的个人故事将这些运动扩散出去，由此大规模调动支持者的积极性，让他们贡献自己的声音、时间和金钱。

- 这种动员的规模有助于吸引决策者的参与，让他们更有动力聆听并予以切实的回应。
- 当人们被赋予更多的力量去呼吁发声，并逐渐意识到集体行动的力量，而决策者也受到更多的激励去做出回应时，你就创造了力量的系统性转移和足以改善世界的转型性变革。

"变革理论"的各个组成部分依序存在着承上启下的关系。换句话说，每一个组成部分都是下一个组成部分的先决条件。若是没有大规模充分调动群众的积极性，帮助决策者了解某一变革的重要性，你就不能有效地吸引决策者的参与；若是没有先为人们提供必要的工具和支持，让他们有力量站出来成为组织者并动员周围的人，你就不能调动大量支持者的积极性……以此类推。

"变革理论中心"（the Center for Theory of Change）是一家非营利机构，以推广"变革理论"的实施标准和最佳实践为己任，下面这张图就是由该中心制作，它以"女超人项目"为例，对"变革理论"做了更为详尽细致的说明。[3] 该项目由几家组织机构共同合作，致力于实现的愿景是让家暴幸存者都能拥有稳定的工作和足以生活的工资。从中可以看出，整套理论是从顶部开始反推，向下逐一确定每个结果的先决条件。

你也可以想象"变革理论"在一个更为传统的业务领域会

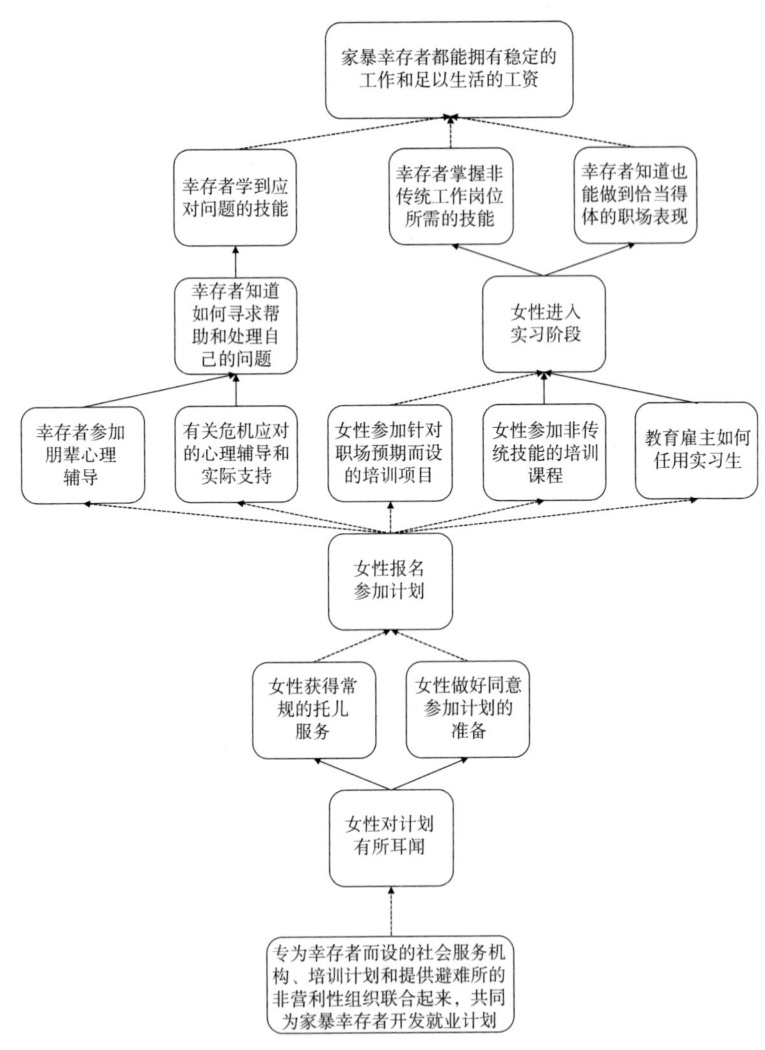

“女超人项目”的“变革理论”实例（图片来源：变革理论中心）

如何发挥同样有效的作用。举例来说，如果在“吹风吧”的艾莉·韦伯最终憧憬的那个世界里，女性每天都能因为自己漂亮的头发而感觉信心倍增，那么她大规模实现这个愿景的先决条件可能就是将业务扩展到更多的地方，开发出人们在家里就能使用的产品，以及教人们如何自己为头发造型的培训工具（比如图书和音像）——这些全部都是“吹风吧”当前正在做的事情。

在变革理论中心的网站上，可以找到更多关于这一流程的细节说明。一旦你制定出一套清晰的“变革理论”——一张说明你计划如何实现愿景的路线图——就可以将其作为一份指南，用来判断什么事情应该被列入优先级，如何衡量每一个步骤是否奏效，以及你是否身处实现目标的正轨上。

寻找你最忠实的支持者

虽然你的愿景和目标可以带有深刻的个人烙印，但是终归还需要吸引到热情的支持者，才能确保你的运动腾飞。所以接下来的这一步十分关键，那就是找到为数不多的第一批影响者——他们要能够吸引其他人成为你的支持者。假如你把自己的理念看作是运动的火花，那么这些有影响力的早期支持者就是你的火种。创业者德里克·西弗斯曾经在 TED 大会的演讲中阐释过这个观点——那场演讲的主题正是“发起运动”——其间他播放了一段视频，里面有个男人独自在一场音乐会上舞得活力四射。[4] 而第二个人起身与他共舞没有多久，其他人就纷纷紧随其后。西弗斯借此指出，只有当你拥有了第一批追随者——那些挺身而出，与你站在一起的勇士——的时候，才算真正发起了一项运动。你的事业最终能否成功，关键就在于你如何找到和对待这第一批追随者。你的第一批支持者同时也是领导者，他们是决定你的运动能否腾飞的人。

黄莓果的梅根之所以能够走向成功，是因为一个在脸书上颇具影响力的账号发了一篇博客介绍她的产品。艾莉·韦伯之所以能够开起第一家实体店，是因为得到了第一批忠实客户的支持，再加上人气博客“糖果生活”发表的一篇文章让人们对她的业务产生了更加浓厚的兴趣。[5] 这些运动发起者无一例外，都是通过发挥自己的创造力和意志力，找到了合适的影响者，才借其传播了他们的信息和点燃了他们的理念。

任何一个得到了一群追随者信任的人都可以成为影响者；名人和记者的影响者身份是显而易见的，但是同事、老师，甚至是朋友和家人也都可以成为影响者——只要他们能够接触到足够多的人群。我们可以通过统计数据看出影响者的说服力究竟有多大：据尼尔森分析，92% 的人更相信个人的推荐，哪怕是他们不认识的人，而不是其他较为传统的广告形式。[6] 由于影响者的存在形式多种多样，激励因素也各不相同，所以关键在于调查和了解哪些人有可能在你的产品品类和地理方位等范畴内发挥影响力，成为影响者。有些时候，他们是博主、优兔（YouTuber）或其他拥有大量追随者的网红；有些时候，他们是媒体从业者；还有些时候，他们是某一社区或某一组织机构内最具影响力的人。

虽然影响者有偿营销正逐渐发展成为一个产业，然而很多时候，特别是在为了一个重要目标的情况下，影响者会不计任何报酬地支持他们信任的一项事业。关键在于让你的影响者觉得自己的宣传会换来有价值的东西，这个价值可以是你答应宣传他们的东西作为交换——有时候被称作“以分享换分享”（share for share）——可以是让他们提早或免费获得某种产品，也可以仅仅是让他们能够为造福这个世界而产生美好的感觉。我们将会在第四章里讲到有哪些技巧可以用来说服决策者——有权力让你所追求的变革成为现实的人，类似的技巧也可以用来了解并说服影响者，让他们支持你的运动。

格蕾塔·罗斯·范瑞尔发现，跟有大群追随者的名人相比，“小型影响者”（micro-influencers）虽然只与一小群相关人士存在稳固而密切的关系，却往往能够更加有效地将其信息传达给合适的受众。格蕾塔是澳大利亚的一位连续创业者，在 30 岁之前就创办了数家价值几百万美元的企业，其中最早创办的“斯金丽蜜茶”创造性地推出了茶类清肠产品，她称之为“排毒茶”。如今她的几家企业的追随者加起来已超过 1 600 万人，她自己也是一个名副其实的重要影响者，经常被人们唤作“Instagram 女王”。格蕾塔相信她的产品会促进她的愿景——为人们开辟一条简单易行的健康之路——并希望找到像自己一样的年轻女性。她在 Instagram（照片墙）上专门寻找那些追随者过千人的女性影响者，然后与之联系并免费寄给她们一些茶产品。这种做法的收效相当显著。正如格蕾塔在接受《影响力》（*Influencive*）的一次采访时所说，她创办斯金丽蜜茶仅仅 6 个月后，月销量就增长到了 60 万美元。[7] 她说："早在 2012 年，塔斯马尼亚州曾有一个追随者过千人的姑娘发帖介绍了我们的茶产品，结果让我们创下了日销量的新高。从那以后，我就把每一个追随者过千人的姑娘都截图下来，通过送茶的方法去接触她们。虽然在联系这些姑娘的时候，我们可以感觉出她们非常不习惯这样的接触方式，但是经过一番游说，有 90%~95% 的影响者都愿意按我说的去做。其实她们只是还不习惯享受 VIP（贵宾）的待遇而已，毕竟那个时候还没有公司寄送免费的东西！当时我们就算不是第一个，也是第一批采用影响者品牌营销战略的品牌之一。"

在格蕾塔看来，这是一种相当有效的模式，完全可以复制到另外几家企业身上，而且她也确实这么做了。尽管按照她的说法，那是一种纯属侥幸、全靠运气的感觉，但实际上，她是对自己能够掌握的各种数据进行过一番研究后，才从中发现了哪些战略能够发挥作用，以及怎样才能复制成功模式，实现运动扩张。在接受《创始人》（*Foundr*）最近一次采访的时候，格蕾塔讲到了如何充分利用与影响者的合作，并介绍了三种她认为特别有效的方法：[8]

- **雷霆一击（The Thunderclap）**——让许多人在同一个时间段内宣传某样东西，由此带来大规模的集中关注。这种现象常见于人们在同一段时间内使用同一个主题标签。雷霆一击还有另外一个好处，那就是这种同步策略有时候能够将一个话题推上社交媒体网站的热搜榜单，从而进一步扩大宣传规模。

- **潮流标杆（The Trendsetter）**——在同一个群组中或同一个话题板块内找出大型影响者和小型影响者，先把大型影响者作为对象，然后再通过大型影响者激发小型影响者的热情，共同形成支持之势。
- **社交认证（Social Proof）**——让真实的人就你的产品或者事业发布用户生成内容（user-generated content）。哪怕他们本身算不上影响者，但是只要发表和分享内容的“普通”人足够多，就可以形成一种非常有效的战略。变革网的作用机制就是如此：先是请愿的发起者在他或她的社交网络内分享运动内容，然后这些社交网络内的人就会产生强烈的动力，在他们各自的社交网络内进一步分享。依此类推。

……

对你自己可用于社交宣传的现有渠道了然于胸也具有关键性的意义。凯瑟琳·克鲁格是“背背舒”[①]的创始人兼首席执行官，也是起步网上第一位为自己的企业筹资超过100万美元的女性独立创业者，如今已经在不同的众筹网站上融资超过300万美元。由于凯瑟琳对起步网的算法及其作用机制了然于胸，所以才能

① 背背舒（BetterBack）创建于2014年，总部位于美国旧金山，其产品主要是通过矫正人们的坐姿来缓解人们的腰背疼痛，进而改善人们的健康状况。——译者注

让她的项目位列“最具人气”类目，而这也是她初战告捷、旗开得胜的关键。正如她在接受《福布斯》的一次采访时所说：“任何运动的北极星项目都应该设法位列‘最具人气’类目，只有这样，在平台上浏览的人才能看见你的项目。按照‘最具人气’类目的算法，最重要的因子并不是在一定时期内筹得的美元金额，而是获得的支持者数量。”[9]于是，凯瑟琳给120个朋友发了电邮，问他们是否愿意在自己的项目上线当天每个人捐出一美元。就像格蕾塔的“雷霆一击”一样，凯瑟琳的这个战略也一击得中，收效显著。背背舒上线当天，就成功位列“最具人气”类目。之后凯瑟琳又通过严密监察数据，观察哪些信息和呼吁最为有效，将这种势头保持了很长一段时间。

凯瑟琳之所以通过众筹的方式发展自己的运动，是因为这是一条可以直接接触到顾客和支持者的渠道。正如她对《福布斯》记者所说：“众筹方式的出现已经让融资渠道变得大众化，让所有的守门人全部出局。从此以后，你再也不必向满满一屋子的男人推介项目了，你唯一需要推介和满足的对象只有你未来的顾客。”不过假如你选择了这种方式，那么就一定要确保对那些支持者进行妥善维护，这样才能让运动持续前进。凯瑟琳的做法是定期更新自己的项目信息，让支持者们获得升级和折扣，并对他们的问题给予迅速回应。“你的支持者其实就是让你梦想成真的人，”她对《福布斯》记者说，“所以你要想好怎样才能通过每一次的互动实现增值。”

支持者会变成推广者

詹妮弗·卡德纳斯是一位单身妈妈的女儿，也是个极为自立自强的姑娘，她不但经常对自己的妹妹照顾有加，而且渴望成为一个能够担当大任的人。从小到大，她只在休斯敦郊外的两个小镇上住过，那里恰恰是 2017 年飓风“哈维”肆虐的中心。暴风雨来袭的时候，她和家人本来计划待在家里，毕竟此前她们曾经躲过几场飓风。但是当强制疏散命令下达，詹妮弗和家人还是在最后时刻匆忙离开了她们的家。

在她们驶向圣安东尼奥期间，詹妮弗看到自己的许多朋友都在脸书上发帖说自己要撤向哪里，于是就做出了创建一个脸书群的决定，这样一来，她们就可以追踪到每个人的方位，知道大家是否安全，是否需要帮助。她为其取名为“飓风哈维 2017”。她给朋友们留言道：“嗨，伙伴们，我建了这个群，是希望能够跟你们所有人保持联系，而且你们所有人也可以跟我保持联系。我在赶时间，所以目前只能加 50 个人进来，稍后我会再加一些人。你们也可以随意加自己的家人和朋友进来，这样每个人就都能保持联系了。再见。”然后她就去和家人吃饭了。当晚她回来再看那个群，却发现申请加入的人居然已经达到了 800 个。

这个群的规模呈现出了指数级的增长，第二天成员数量就达到了 3 万人，而且在不到 4 天的时间里，这个数字就突破了 15 万。詹妮弗知道自己无法凭一己之力搞定一切，于是就找了她在马里兰的妹妹香娜·莱昂斯帮忙。然后神奇的事情发生了——全国各地和世界各地的人们都开始各显其能，伸出援手。有过类似经历的人们发了现场视频，提供关于在大风暴中生存的建议，有位女士提供了她在之前的灾难事件中做协调之用的电子表格，其他人则通过担任群主持人、救援服务者等角色来助詹妮弗和她的妹妹一臂之力。虽然詹妮弗是这个群的创建者，是最初的领导者，但是她的第一批支持者却凭借各自的能力，相继成了领导者。

这些志愿加入的领导者对群的成功起到了关键作用。暴风雨后的第二天，当詹妮弗驱车回到位于得克萨斯州英格尔赛德的家乡时，一连好几天都无法上网。但即便她不在线，这个群仍能够照常运作。詹妮弗说，当她终于能上网后，简直不敢相信眼前发生的事情。“我开始看到救援行动的内容，”她对我说，“有人发一句‘救命啊，我现在在我家的屋顶上’，接下来我就会看到‘已得救’的信息。而且我还收到很多类似这样的信息，‘哦，我的天啊，你救了那么多人的性命。谢谢你所做的一切’。”于是她打电话问妹妹究竟发生了什么事，结果听到香娜说：“詹妮弗，说出来你一定不信。我们正在指挥救援行动，我们现在有调度团队，还有救援团队。我们正在与海岸警卫队（Coast Guard）、国民警卫队（National Guard）、地方服务机构、州服务机构协调合作，共同拯救人们的生命。这真是太神奇了。”

人们因为这个群的共同目标而团结在了一起，而且每个人都想要贡献自己的一份力量，其中有 80 个成员志愿成为主持人，在社群里担任领导者的角色，还有数千人在自己力所能及的范围内伸出援手。他们一起承接了詹妮弗最初的工作。在“哈维”肆虐期间，詹妮弗的脸书社群与第一批急救者们合作，共同担当起了营救 8 000 多人的大任。时至今日，这个社群仍在活跃之中，只不过目标的意义已经发生了变化。现在它的作用是帮助人们应对复杂而感性的重建过程：为联邦应急管理局指引方向，为人们提供重建家园的建议，协调衣物和家具的捐赠事宜，以及其他成员需要的各种东西。灾后的整个重建过程可能需要数年之久，而詹妮弗的社群将会继续扮演一个重要的角色。

……

要创建一个引人入胜的清晰愿景，你势必需要付出一番努力——描述和提炼你想要创建的东西及其原因——不过这一切都会在你发起运动的时候换来回报。一旦对自己理想中的未来有了一个透彻而专注的看法，你就能够成功地激励和鼓舞他人加入你的队伍之中。

寻找并说服关键人物

只要将我们的声音、我们的信念和我们的力量汇聚成河，充分利用，我们就一定能够做到双赢。只要将我们的愿景和目标的意义表达出来并传递给一个又一个人，我们就一定能够做到双赢。

不要提高你的音量，而要改进你的论点。

——**图图大主教**（Desmond Tutu）

不需要激烈对抗也能达成目标

在传统的社会活动组织领域，经常爆发大卫对战歌利亚式的斗争。就像我们在第三章中讨论过的那样，大多数运动都有一个决策者，也就是有权力让你所希望的变革成为现实的一个人或者一群人。决策者通常是政府官员或是组织机构的首脑。常有社会活动家把他们试图说服的决策者称作“靶子”，并且为了让这些“靶子”同意变革而绞尽脑汁，想出各种强制性的同时又不违法的手段，包括有时候颇具争议性的“推特轰炸”策略，即故意羞辱和骚扰某个决策者。不过在我看来，有一种方法不但更具合作性，而且一定能够让社会活动组织者获益，这种方法也常被商业领袖们用于追求更为长期的多赢结果。

假如我们不是把掌权者视作靶子，为了追求短期单赢的结果而不择手段，而是将他们视作潜在的长期合作伙伴，会怎么样呢？要建立这种长期的伙伴关系，我们选择的策略就必须能够鼓励决策者以更具成效的方式，与我们就当前的运动以及未来的运动展开合作。有人或许会说，那是不可能的，因为决策者的力量实在是太强大了，所以“小人物”是不可能说服他们的，只有硬碰硬才行得通。对此我不敢苟同。我相信，只要我们能够找到适合彼此沟通的方法，那么全民总动员所产生的力量一定远远大于某一个决策者所拥有的力量。

对个人来说，关键是要了解我们自己的优势。我们必须知道自己的力量在哪里，还要意识到只要我们能以有效的方式合作，决策者就不可能置若罔闻。我的意思不是要人们回避传统的活动组织策略——和平示威、请愿、抵制、法律诉讼，甚至是让决策者淹没在电邮、信件和电话中，都未尝不可，而且社交媒体也绝对可以作为一种有效的方式，让他们知道我们热心于某个问题。我的意思是说，当我们采用这样的策略时，要考虑到对他们的尊重，要预留积极互动的可能性，而不是一味羞辱、骚扰某个人或是让其陷入窘境。

小马丁·路德·金博士遵循莫罕达斯·甘地的教导而提出的非暴力方式就充分体现了这个核心原则。金博士的六条非暴力原则并不是单纯地号召人们不要变得暴力，而是引导人们学会用爱去战胜恨，并寻求一条通往长期理解的道路，以此作为伸张正义的方法。其中第三个原则“非暴力要打败的是不公现象，而不是人”指出，“作恶人也是受害人，而不是恶人”。[1] 通过寻求对他们的理解，我们最终将会有更大的概率建立起长期的公正。

随着“另类右翼”（alt-right）的崛起，以及世界各地仇恨组织的信心日益增强，我们有必要对其予以关注和回应。而在这个过程中，非暴力原则一直在发挥着重要的作用，可以说，其当下的意义丝毫不亚于民权运动时期。非暴力的核心思想不但能够提供有效的指导方针，让人们知道在类似“反抗议”（counter-protest）的孤立事件中该如何做出反应，而且还能够为长期战略的制定指引方向，让人们知道该如何与决策者合作。毕竟几乎所有的决策者担任的都是为人民服务的角色，当然总有些人的表现与此相悖。其服务对象或是他们的选民，或是他们的员工，或是他们的学生，或是他们的顾客，或是他们的股东。要提醒他们记住一点：只有切实做到为人民服务，才符合他们的最佳利益。

在说服决策者的过程中，不要忘记你拥有的力量其实超出了你的想象。尽管我们经常用大卫和歌利亚的故事来描述一个看似弱小的对手面对一个超级强敌的情况，但是《纽约客》的撰稿人麦尔坎·葛拉威尔却在他名为《大卫和歌利亚》的著作中提出，我们可能完全误解了大卫和歌利亚的故事。[2] 葛拉威尔写道，弱者有弱者的优势：“弱者能够以我们往往无法领会的方式改变人们。弱者能够敞开大门，创造机遇，让本来看似无法想象的事情成为可能。”

葛拉威尔指出，其实我们对这个故事的解读可能是完全错误的，并引用了一些医学专家的观点，他们认为歌利亚之所以如此巨大，是因为一个良性垂体瘤影响了他的健康状况。尽管这个肿瘤能让他身躯庞大，但也有可能造成他视力下降，行动迟缓，从而大大降低了他作为一个对手的威胁性。正如葛拉威尔所说：

“以色列人从高山上看到的是一个可怕的巨人。但实际上，让巨人拥有庞大身躯的那个东西恰恰也造成了他最大的劣势。这个重要的道理适用于对抗各种巨人的战斗。所谓的强者并不总是他们看上去的样子。”[3]

我们可以将决策者重新定位为潜在的长期合作伙伴，尽量了解适用于他们的激励因素，从而达到实现变革的目的。只要我们记住，大多数决策者都是好人，其一举一动都要受到他们自己的动机和目标感的驱动，那么就能通过双方共赢的途径，更高效地实现变革。在今天找到与一个决策者合作的方式，很有可能在长期范围内带来更多更大的回报，原因就在于那个人会一直保留与我们再次合作的可能性。

在人们眼中，社会活动组织领域的经典形象往往是许多小鱼聚在一起追击一条大鱼。我建议大家反过来看：虽然还是由许多小鱼组织在一起，以数量彰显力量，但是它们会先尝试与大鱼合作，只有在绝对必要的时候才对其进行追击。有很多时候，情况可能并非如此。

我明白，这在有些人看来可能过于幼稚，而且我也知道，这世界上一定有某些地方就连和平呼吁也会让人们面临被捕或是人身遭受伤害的风险。除此以外，还存在决策者——法西斯独裁者，有暴力倾向的人，或是压根儿不在乎对话也不讲道理的人，诸如此类——极难相与的情况，面对这样的人，我说的这种方法可能毫无作用。但是我相信，在许多情况下——其数量多得出乎你的意料——将表面为“敌我双方”的利益统一起来才是上上策。

当前主流的社会活动组织模式

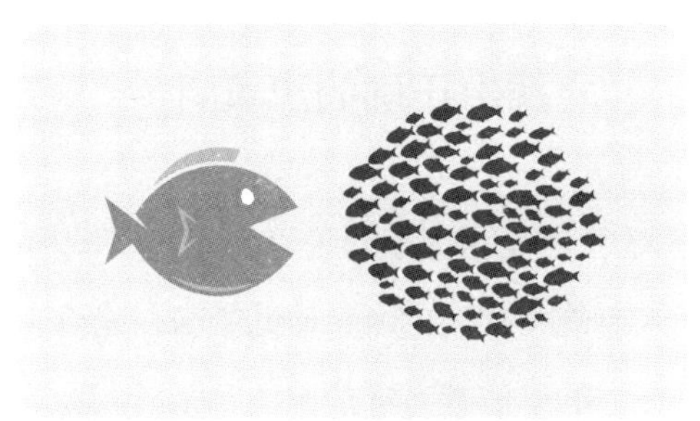

我所建议的社会活动组织模式

我们大多数人都有相同的核心需求和情感：对人身安全和经济保障的需求，对爱和认可的渴望，以及想要事事顺利的愿望。这就意味着想要驱动变革的人和他们为此要倚赖的决策者之间存在着共通之处。假如每一方都尽力去了解适用于另一方的激励因素，那么无论什么样的谈判，都会带来更好的结果。而且作为一个既当过"大卫"，也当过"歌利亚"的人，我深知当你感觉自己被当作一个人，而不是被当作对战大卫的歌利亚或者"对战我们的他们"来对待时，会更容易聆听和回应呼吁变革的人。

所以没错，我相信我们一定能够达到一个让大卫和歌利亚双赢的境界。这种情况已经有很多现成的例子，其中有一些还在本章中做了重点介绍。只要将我们的声音、我们的信念和我们的力量汇聚成河，充分利用，我们就一定能够做到双赢。只要将我们的愿景和目标的意义表达出来并传递给一个又一个人，只要将我们的弹弓收起来，不再继续向歌利亚扔石头，我们就一定能够做到双赢。（好吧，这样的呐喊好像有点儿天真。）

找出正确的决策者

要想提出行之有效的变革理论，必不可少的一个步骤就是弄清楚哪一个人有能力实现你所希望的变革，无论这个变革是什么——可以是在你的单位或者学校启动一个新的计划，可以是为你即将成立的一家新公司筹集资金，可以是在你所在的城市或者国家修改一项法律规定，甚至可以只是为你吸引到为数不多的第一批影响者。反正无论你想要实现的是什么，通常都有一个人或者一群人有能力或者有权力使其发生。这个人或者这群人就是你的决策者。

在你思考要用哪些策略说服决策者之前，必须确保你真的找到了合适的那个人或者那群人。假如你想要改变的是你所在城镇对违停罚单的规定，那么就不应该把总统作为提要求的对象。你绝对想不到，人们向总统提出的请愿简直多如牛毛，而且几乎覆盖了所有话题，实在让人咂舌。还有些时候，人们发起的运动并没有指定具体的决策者，而是笼统而论，比如说“地球人”。假如你真的是想要整个地球的人协调合作，那就只能祈祷好运爆棚了。

要实现你的目标，弄清楚你需要说服什么人是十分关键的一步。人们理想中的变革有时候可以从不同的角度得到解决，而且每个角度都有一个不同的决策者。举例来说，假如你想要某一家百货店不再使用塑料袋，那么你要找到的决策者可以是百货店所属的企业本身，也可以是那个城市或者那个州的立法机关——或者让他们通过一项禁用塑料袋的法令，比如美国一些城市的做法；或是让他们通过一项对一次性塑料袋收费的法令，比如英国的做法。

一旦你确定了什么人——合适的决策者——接下来要确定的就是什么事：你想让决策者同意的一个现实要求。这件事必须在那个人的能力范围之内。想要变革发生还不够，你还必须找到一条让双方都能接受的变革道路。若是能够找到一种方法，让你的变革对决策者同样具有吸引力，就到了见证真正奇迹的时刻了。

深入了解你希望说服的人

有一个方法可以破除你和歌利亚之间的壁垒，成功说服决策者采取行动，那就是尽力去了解他们以及适用于他们的激励因素，毕竟歌利亚也是有需求的。这和我们要在第五章里谈到的激励支持者的方法类似——你越了解适用于人们的激励因素，就越容易鼓舞他们采取行动。

杰玛·莫滕森曾经是“危机行动”[1]的执行总监。她刚开始在“危机行动”担任职务没有多久，缅甸就发生了2007年暴力镇压佛教僧侣事件，于是该机构立刻投入相关应急行动的工作中。在此之前，缅甸已经有和平抗议者遭受到大规模的暴力对待，也有许多人被当作政治犯逮捕入狱，从而激起了世界各地人民的愤怒和广泛关注。“危机行动”成功地将非政府组织、社会活动家、工会、名人和宗教领袖联合起来，共同展示了公众对本次事件的支持力度。他们的目标是让欧盟实施经济制裁，让联合国安理会对缅甸采取行动，堪称开历史之先河。

他们知道，当时的英国首相戈登·布朗非常关心缅甸。而通过与他的几个主要助手进行的几次对话，也能明显看出他已经准备好在这次危机中扮演真正的领导角色，努力促成行动的发生，为活动家和决策者们创造一个齐心合力的机会。正如杰玛对我所说：“我们并没有把那些掌权者全都视作问题所在，而是明白这样一个道理，只要你对待他们的方法得当，就能比单纯地对抗更加迅速地扭转政治势头。既然戈登·布朗已经准备好在这件事上展现真正的领导力，也准备好采取合适的行动，于是我们就问了这样一个问题，‘假如我们协助人们就此事走上街头，游行示威，

---

① 危机行动（Crisis Action）创建于2004年，总部位于英国，在法国、美国、比利时、黎巴嫩、南非等地都设有办事处，是一个旨在保护平民免受武装冲突之害的国际组织。——译者注

你们会怎么做？’他的团队回答道，他会亲自出面并亲口承诺，‘我会对联合国安理会声明，我们终将对缅甸采取行动，而现在无疑正是时候’。”

就这样，“危机行动”协调组织了全球大游行，并在当天上午安排了缅甸的佛教高僧、英国工会联盟（Trades Union Congress）和国际特赦组织（Amnesty International）的首脑，以及带有个人传奇色彩的缅甸前政治犯共同会见首相。这是一次相当激动人心的会面。

2007年10月6日，当成千上万的人在伦敦街道上游行的时候，戈登·布朗公开发表讲话，对代表团说：“我希望欧盟对缅甸当局实施进一步的制裁，从而彻底明确我们的态度，即决不容许已经发生的滥权事件重演。”[4]

“我希望世界各国的领袖与我们齐心协力，共同实现在座各位希望看到的进步……停止侵犯人权的行为，我们希望停止针对缅甸民众的暴力，也希望尽快推进民主与和解的进程。”

杰玛这一生大部分时间都在为改变这个世界而努力，对她来说，这是一个不可思议的时刻，也是一个进步之路豁然开朗的时刻。只要你了解你的决策者，了解让他们身不由己的政治背景，了解适用于他们的激励因素，那么你们就能够协同增效，共同解决一个问题。

仅仅过了几天，也就是10月11日，联合国安理会就对缅甸采取了有史以来的第一次行动，它发布了一份主席声明，谴责针对和平示威者的暴力行为，并呼吁早日释放所有的政治犯。10月

15 日，欧盟下令禁止从缅甸进口木材、金属和宝石，并表示假如政府方不与民主运动方展开真正的对话，就要下令禁止所有新的投资项目。桩桩件件，无一不代表着巨大的进步。而且尽管核心变革的发生仍需时日，但这些阶段性的成果却是整块拼图中不可或缺的一部分。

杰玛说得很清楚，社会变革的重大进步不能归功于任何一个组织或个人，向来都是许多人的集体努力才促成了变革的发生，这些人包括社会活动家、决策者、企业家以及其他人群，而且这项工作常常要持续多年。尽管缅甸已然经历了戏剧性的政治转型，但是社会活动家们仍在努力保护罗兴亚族之类的弱小群体免遭暴力迫害。

将各种影响因素可视化

杰玛只是粗略地勾画出了这个流程的框架，而较为正式的呈现方式其实是组织者惯用的一种“权力地图”（power mapping）或“影响力地图”（influence mapping）。其前提条件是你要了解决策者会被哪些关系和激励因素所影响。这个“地图”常常要用到可视化的方法，也就是人们要真的像绘制地图一样——绘画、列表、图解——说明他们怎样才有可能成功地推动决策者采取行动。假如你了解某个人会被什么样的人物、机构和流程所激励和影响，就会更有把握说服他们。

在运用这种方法的过程中，重在认清人与人之间的各种关系并将其在地图上标示出来。比如关键人物之间存在多少联系，以及联系有多紧密；他们每个人或每个机构有多大可能支持你的理念；是否存在第一决策者和第二决策者，如果存在的话，他们之间是什么关系；有没有较小的要求可以让你迈出第一步，进而为提出更大要求铺平道路。这个过程还会帮你厘清打通人脉的顺序，也就是从最紧密的联系和最有可能支持你的人物开始，一直到达终极决策者。

要真正了解“权力地图”的效果如何，可以参考接下来的这个例子。2012 年，网上掀起了一场反对美国童子军（ the Boy Scouts of America，BSA ）禁止同性恋者成为童子军成员和童子军领导的运动热潮。事情的缘起是这样的：2012 年 4 月，在俄亥俄州童子军团队担任领队的詹妮弗 · 蒂雷尔被突然免职，同时还被取消了美国童子军的会员资格，而这一切不过因为她是一个同性恋者。没过多久，詹妮弗就在同性恋者反诽谤联盟（ GLAAD ）的支持下，在网上发起了一项请愿，要求美国童子军取消这种歧视性的政策规定。詹妮弗和她的支持者知道自己要面对的是一场艰苦卓绝的斗争。毕竟美国童子军这家机构的存在历史已经长达百年，却从来没有人听说过它改变自己的政策规定。于是，詹妮弗和其他的运动参与者开始另寻他途，思考还有什么办法能够说服美国童子军做出改变，而第一步就是对影响过美国童子军行动的各种人物和机构进行全面系统的观察与分析。

他们先从美国童子军的董事会入手，其中有许多成员在《财富》500强企业担任首席执行官，甚至还有一些成员领导的是美国电话电报公司（AT&T）和安永会计师事务所（Ernst & Young）这种在为性少数群体争取权益的斗争中一马当先的企业。詹妮弗向美国电话电报公司和安永会计师事务所额外发起了一项请愿，要求它们的首席执行官发声支持改变这项规定，结果两家企业都照做了。接下来，詹妮弗的团队又将视线投向与美国童子军存在合作伙伴关系的企业。他们开始根据“人权运动的企业平等指数”（Human Rights Campaign's Corporate Equality Index），专门瞄准在性少数群体权益方面得分最高的那些企业。于是，英特尔、UPS国际快递等企业都成了他们的请愿对象，被要求就童子军禁止同性恋者成为其成员和领导一事表态。所有的企业也都照做了。

除了利用企业和企业领袖的声音之外，詹妮弗的团队还请求与童子军存在联系的名人、政客和其他杰出人士在社交媒体上发声支持改变这项规定。他们说服了卡莉·雷·杰普森和“火车”乐队[①]等音乐界人士不要在童子军每四年举办一次的全国性会议的音乐会上演出。

最后，他们还绘制了美国童子军的全国和地方架构图。据他们所知，美国童子军是由遍布美国各地的许多地方性童子军委员会组成。于是，为了充分利用“权力地图”的每一个部分，他们协助人们在变革网上发起了110项请愿，敦促这些委员会向全国性组织提出要求，取消针对同性恋成员和领导的禁令。每一项

① “火车”乐队是来自美国旧金山的一支摇滚乐队，成立于1993年，出道以来已在全球范围内售出超过1 000万张专辑。——译者注

请愿的发起者都是关心这一事件并且与其存在某种个人联系的人——包括本人曾是童子军成员或领导的同性恋者，或是同性恋者的父母在童子军担任领导职务的——从而展示了关心这一事件的人群规模之大，类别之多。

向美国童子军“影响力地图”范围之内的人物和机构额外发起的这些运动提出的虽然全都是较小的要求，却合力引发了一波不可思议的运动热潮和媒体关注。最终，在第一项请愿发起刚刚一年多后，也就是 2013 年 5 月 23 日，美国童子军经过投票，决定取消针对同性恋成员的禁令。又过了两年，也就是 2015 年 7 月，美国童子军取消了针对同性恋领导的禁令。让美国童子军最终改变主意的并不是单独的哪一项运动，而是因为有 100 多个规模较小的相关运动齐心协力，分别瞄准“影响力地图”范围内的各个人物，才换来了运动的胜利成果。最初只是向美国童子军发起的一项单独的运动，最后却演变成了一场拥有近 150 万名支持者的全国性运动。

这项运动创造了一种双赢的局面。就美国童子军而言，聆听要求他们做出改变的人的诉求并与其合作绝对是明智之举，更何况他们实施的变革对于组织本身的长期发展很可能大有助益。那些年正是民意发生巨变的时候，人们纷纷开始支持同性恋的权益。2013 年和 2014 年，共有 25 个州投票支持同性婚姻，于是一股法律改革的浪潮随之兴起。2015 年，美国最高法院做出规定，禁止同性婚姻有违宪法。正是因为有了这种观念上的转变，所以美国童子军的新规定相当于让他们最终和民意站在了一起，这样的结果无论对这个组织来说，还是对提议变革的人来说，都具有积极的意义。

……

再举个例子，我的朋友卢安·卡尔弗特也是一个深知如何影响决策者的人，她曾在维珍美国航空公司当了5年的首席营销官。卢安是我见过的最有创造力的人之一，而且显而易见，她的天资聪颖为她在广告和营销领域登峰造极的职业生涯平添了助力。在雅虎、谷歌、维珍和其他几家企业任职期间，卢安一手打造了多项“第一”：有史以来第一支“蜂鸣”（buzz）或口碑营销团队，第一批网约出租车（那时候还没有移动互联网，也没有优步）等，类似的例子简直不胜枚举。这意味着她已经成为一位炉火纯青的行家里手，特别擅长说服人们做一些他们起初可能拿不定主意去做的事情。

在所有的“卢安式”第一里，我最喜欢的例子之一就是在她的领导之下，维珍美国航空公司制作了一部音乐形式的安全宣传片，这段视频如今几乎无人不知，无人不晓。她将其描述为一次“呕心沥血”的经历，毕竟之前那一部动画形式的幽默的安全宣传片曾经深受维珍顾客的喜爱，而且也非常适合定义他们的品牌，只不过人们现在或许已经不记得那段片子了。要拿出让他们的热心顾客更加喜欢，至少是同样喜欢的东西，可以说是难于登天。卢安需要在维珍美国航空公司内部发起一项她自己的运动，一项哪怕困难重重，她的同事们也会给予支持的运动。尽管她在自己的职业生涯中已经制作过许许多多的创意广告，但对这一次的变革还是心存忌惮。她不想让这个品牌毁在自己的手里，毕竟那部动画宣传片已经到了人见人爱的地步。但是她们终归要变。由于动画片达不到满足听障人群需求的标准，所以假如对其固守不变，那么她们就会被美国联邦航空管理局（FAA）罚款。

于是，她跨出了飞跃性的一步，径直找到维珍制片公司的同事，对他们说，她想做一件“前所未做”（这是卢安最喜欢的用语之一）的事情。结果他们拿出来的东西堪称神作，就连卢安都觉得惊喜。“他们说，因为维珍有制作音乐的传统，所以他们想制作一部致敬音乐的作品。”她对我说，“于是我们就打算做出有史以来第一部完全押韵的音乐形式的安全宣传片。”卢安认为这个理念听上去非常完美。她们聘请了执导过贾斯汀·比伯的纪录片——《舞出我人生 2》（*Step Up 2*）以及其他卖座影片的朱浩伟，然后就开工了。

不过，为了让这部片子得以启动和运作，卢安还必须过五关，斩六将，经受住各执己见的决策者们的严酷考验。卢安没有为此却步，而是选择不走寻常路。她不是只考虑到首席执行官（她的顶头上司）和美国联邦航空管理局（他们要来拍摄现场确保一切符合要求）之类的主要决策者（她必须得到这些人的批准），而是将更多的人考虑在内。事实上，只要某个人的建议和信任于她有所帮助，就都在她的征询范围之内。这意味着这部片子要被展示给每一个人看——从其他高管，到每天都不得不听的空乘人员，再到忠诚的常客。

在她征询的对象中，有一个人的建议在最终的审批过程中起到了关键性的作用。当卢安会见首席执行官的时候，后者对音乐表现出了犹豫不决的态度，因为他认为人们有可能会渐渐厌烦它。那次会议斯蒂夫·福特也在场，此人是卢安的一位新同事，也是他们的首席飞行员兼首席运营官，他对片子投了赞成票。他说："我太喜欢这个宣传片了。听的次数越多，你就越喜欢它。"将最初决策者的范围扩展至更多的人群有可能就是让这部片子最终获得批准的转折点。除此以外，向更广泛的人群征询看法还有助于确保片子首映告捷，因为她相信顾客们一定会喜欢它。

而且按照卢安的典型作风，维珍美国航空公司干脆像宣传电影新片一样推出了这部新的安全宣传片——不但让朱浩伟上了《艾伦秀》(*The Ellen DeGeneres Show*)，还在时代广场的一场空乘人员活动上播放了这部片子。结果大获全胜，新出的音乐宣传片甚至比原来的动画宣传片更受人们的喜爱。事实上，现场有一些空乘人员情不自禁地开始跟着舞了起来。有一位乘客将自己拍下的视频发到网上，引得人们争相转载，从而让维珍美国这一品牌得到的关注度创下了新高。

虽然看似一个细枝末节，但是这部安全宣传片对维珍美国航空公司的品牌运动却产生了巨大的影响。[①] 正如卢安对我所说："归根结底，这件事在我心目中最值得称道的地方是它说明你可

① 阿拉斯加航空公司在 2016 年收购了维珍美国航空公司，并有可能在 2019 年前废止维珍美国这一品牌。

以利用最寻常的东西，通过精雕细琢，最终打造出一个人们喜爱的品牌。”

学会畅所欲言

泰莎·希尔和利娅·瓦伦特 13 岁的时候，就已经知道什么是性别歧视和性骚扰了。她们在加拿大的安大略省长大，平常在学校走廊里和社交媒体上，就经常听朋友们说起有关挑逗式口哨（catcalling）和荡妇式羞辱（slut shaming）的故事。而从大一些的兄弟姐妹口中以及媒体上面，她们又懂得了什么是“强奸文化”（rape culture），并得知这种现象在大学校园里尤其普遍，那里的性侵行为不但很少遭受惩罚，而且受伤害者常常被置之不理，甚至被视为过错方。

所以 2014 年，当学校给八年级的学生布置下一个课题作业，要求他们选择一个自己关心的有关社会公正的话题时，她们选择了应对强奸文化这个题目。利娅和泰莎做的第一件事是拍摄她们自己的纪录片《据说》（*Allegedly*），这部片子不但给她们的同班同学看过，而且在《赫芬顿邮报》上也有报道，在优兔上的浏览人数更是将近一万。[5] 她们接下来做的第二件事是在互联网上发起一项名为“我们同意”的请愿，为的是争取将“同意”的概念加入安大略省的性教育课程。一共有 4 万多人为这项请愿签名，并在评论区里留言说明他们签名的理由——从为人父母的身份，到作为受伤害者的视角，再到对利娅和泰莎的钦佩。虽然原因各异，但是每个签名和评论都等于在为泰莎和利娅发起的运动摇旗呐喊，协助她们得到更多的支持。

泰莎、利娅和她们的 4 万名支持者凭借自己的热情和决心，引来了各家媒体争相报道，从《多伦多星报》(*Toronto Star*)，到美国国家公共广播电台，再到加拿大广播公司（CBC）的大型新闻广播节目《地铁早安》(*Metro Morning*)。当地方性的报道形成滚雪球一般的势头，全国性的关注也就随之而来，并成功引起了安大略省政府的注意。事实上，在两位姑娘接受《地铁早安》的采访之后，安大略省的省长凯萨琳 · 韦恩就在推特上 @ 了泰莎和利娅，说她想会见二人。

两位姑娘为了推动自己坚信不疑的目标而行动起来的精神让韦恩省长倍受鼓舞。她们以学生身份参与课程修订这件事也让她十分看重。她们的声音带有特别的分量，“同意”的概念一样带有特别的分量——这个概念对她们这样的年轻人来说是至关重要的。在会面期间，韦恩省长甚至对利娅和泰莎说，她们让她想起了自己年轻的时候也是一个行动主义者，曾经成功说服自己所在的中学修改着装规定，允许女孩子们穿着短裤。后来韦恩省长真的做出决定，将“同意”的概念纳入安大略省所有学校的课程改革范畴。假如有一件事对你来说存在重要的意义，而且你的声音在这个领域又有特别的相关性，那么就不要犹豫，一定要畅所欲言。

假如你不要求，就不会得到

莎拉·拉奥和凯里·艾伯丁是“同气连枝媒体”[①] 公司的创始人，该公司出版的儿童图书在种族、性别、阶级、性取向和经历方面实现了多样化。当他们合作推动公司起步的时候，莎拉牢记她的一位前男友过去经常说的一句话：“假如你不要求，就不会得到。”她对我讲了她们如何将这种战略思维有效运用于业务成长的初期，也就是是 2012 年初她们推出第一个图书系列的时候。那个系列名为“足球姐妹”（Soccer Sisters），而推出的时间正好赶上 2012 年夏季奥运会。莎拉讲到她们怎样想出了一个吸引影响者加入的好主意。她对我说：“当时布兰迪·查斯顿正要入职美国国家广播公司（NBC），负责奥运会的报道，于是我们围坐在一张桌子边上大笑道，‘哦，我的天啊，要是请布兰迪·查斯顿或米亚·哈姆来为这个系列代言，岂不妙哉？’只可惜我们没钱，也没有业绩。我们才刚刚创业。”

莎拉和凯里决定冒险一试，给上述两位的经纪人都发了电邮。布兰迪的经纪人很快就回信了，而且内容出人意料：“布兰迪通常会为此收取高额费用，但是她十分欣赏你们的所作所为，所以愿意免费做这件事。”凯里和莎拉简直欣喜若狂。正是因为

① 同气连枝媒体（In This Together Media）的创办初衷是因为如今的媒体出版物只有 3.3% 以非裔美国人为主角，2.1% 以亚裔美国人 / 太平洋岛民为主角，1.5% 以拉美裔为主角，0.6% 以印第安人为主角，使得很多人在拿起书的时候无法联想到自己。——译者注

有了这第一次的大冒险，才有了布兰迪在《今日秀》上谈论她们的图书，才有了她们的第一笔国外版权交易并得以在日本售书。莎拉对我说，这件事让她们彻底反思了自己的发展战略，让她们意识到："无论我们打算找什么人，尽管去找就对了。我们也不打算左思右想，干脆向每一个我们认识的人求助，结果大家真的挺身而出。这实在是莫大的鼓励。"

有些时候，放手去做才是正理，不要过度思考你的战略。有时只要一个恰如其分的要求，就能够说服一个决策者。

让点头成为一件易事

一旦你了解了自己的决策者以及适用于他们的激励因素，那么拟订一个让他们点头的计划也就变得更加容易了。在与决策者有效合作这个问题上，让人们最纠结的一点就是不知道该如何表达，才能让决策者比较容易地答应他们的请求。在与社会活动家和创业者对话的过程中，我反复听到的一个建议是认真准备，做好功课。对每一种潜在的场景都能未雨绸缪。预料到有可能让决策者摇头的各种理由，以及他们有可能问到的各种问题，将有助于确保你在陈述论点的时候，全面覆盖每一种可能的论据。

说到让人们点头这件事，阿曼达·阮绝对是个数一数二的榜样。她是一位正在受训的宇航员，也是"崛起"的创始人，该组织主张为性侵受害者提供法律保护。"崛起"的成立源于阿曼达的个人经历：22 岁那年，当她还是哈佛大学的一名学生时，就不幸被人强奸。而性侵事情发生不到 24 小时后，她做了所有自己该做的事情，包括到医院做了强奸套盒取证。然而，尽管她立即采取了行动，但还是无法保证这份关键物证能够被保存足够长的时间以供使用。这是因为在她所居住的马萨诸塞州，强奸套盒只能在物证实验室里保存 6 个月的时间。这意味着 6 个月的时间一到，受害者就不得不为了让她们的关键物证免入垃圾桶而奋力抗争。

当阿曼达进一步研究旨在保护性暴力受害者的法律条文时，却发现整个体系漏洞百出。她在最近一次采访中是这样对我说的："为性暴力受害者争取民事权利是始于一次非常个人的经历。我记得自己当时走出医院，感觉一个人孤零零的。虽然人们都对受害者说，要去司法部门寻求帮助，但是当我真的去尝试求助的时候，却仿佛进入了一个法律迷宫。受害者不得不一次又一次地经历同样的事情，不得不为了保住一桩暴力罪行的关键物证而奋力抗争。而其他的罪行却可以被差别对待。那无异于雪上加霜，在受害者的伤口上撒盐。所以说，这属于一个民事权利问题。其他罪行的物证都是可以被无限期保存的。既然你不会扔掉谋杀案的物证，又为什么要毁掉强奸案的物证呢？正是从那时起，我开始研究自己究竟有哪些权利，并决定设法改写法律。"

阿曼达意识到，除了要设法保留她自己这桩案件的物证以外，她还想更进一步，保护其他女性的强奸套盒在尚未检验之前不被毁掉。她知道自己需要帮助，于是就联系了方方面面的朋友和同事。通过将这些各怀其才的专业人士联合起来，她得以有效地了解到立法者的潜在担忧和顾虑。他们不但为国会议员有可能提出的问题做了预先准备，还起草了一份议案，力求做足功课。

阿曼达的社交网络和朋友圈子里都是年轻的专业人士和法律专业的学生，于是她将所有人的专业知识结合了起来。他们成立了工作小组，让不同专业背景的人坐在一起，展开研究。他们从杂乱无章、千头万绪的法律体系中抽丝剥茧，厘清每一个州现有的合法权利。最终，他们拿出了一份无懈可击的最佳实践清单，不但有法律先例可循，而且放之各州皆准。除此以外，"崛起"团队还利用财务指标论证了议案的有效性，即通过经济预测的形式，说明各州将如何因为这项议案而在道德层面和财政层面双重获益。"等到我们向美国国会议员提交议案的时候，内心已经形成了一个坚定的要求，"阿曼达对我说，"我们有充分的数据支撑，有完整的预备议案，有专门的法律用语。可以想见，议案的内容会在推进的过程中几经修订，但是我们已经万事俱备。无论任何国会议员有何异议，我们都将在一天之内扭转局面，原因就在于我们对自己的研究成果和奋斗目标有着异常坚定的信念。"

胜利是属于他们的，其起草的《性侵犯幸存者权利法案》（the Sexual Assault Survivors' Rights Act，又名 the Sexual Assault Survivors' Bill of Rights）先是在马萨诸塞州获得通过，让那里的受害者从此不必再担心她们强奸套盒里的宝贵物证将在 6 个月后被销毁，然后又于 2016 年 10 月 7 日在国会获得一致通过。请允许我再说一遍：众议院和参议院在有史以来两极分化最为严重，党派纷争最为激烈的一个时期，居然一致通过了这项法案。1989年以来，一共只有21个议案（占议案总数的0.016%）获得国会两院的一致通过。对任何一个人来说，这都算得上一桩百年难遇的事件，一份异乎寻常的成就，更何况是对一个并非专业说客的20多岁的年轻女性来说。

用数据说话

2002年，也就是我在雅虎工作的第三个年头，我有幸加入一个与杰夫·韦纳（他后来成了领英的首席执行官）合作的“小虎队”，共同对雅虎搜索进行改造。当时我们已经知道自己落后于人。虽然早些年间，消费者都认为雅虎是一个搜索引擎，但是到了2002年，大多数人都将雅虎视作一个门户网站，反倒将谷歌当成了搜索工具。我当时的职务是领导雅虎搜索的市场营销工作，这也就是说，我首先要对消费者需求有一个深入的了解，让产品研发部门掌握足够的信息，然后一旦新产品就绪，就开展一场营销活动，将其广而告之，以达到提高雅虎搜索用户市场份额的目的。

那段时期真是太激动人心了。我清晰地记得，经过几个星期的专题小组讨论后，我和陆奇（他当时是雅虎搜索的工程主管，后来又在微软和作为中国第一搜索引擎的百度身居高位）有过这样一场对话，我对他说，我们非常明白人们想要什么样的搜索工具：在不必采取额外步骤的前提下，尽快为他们的问题找到答案。他们想要的其实就是捷径。当时陆奇看着我说："好极了，我可以造出这样的东西。"也就是在那一刻，我们设想出了一个新的雅虎搜索，它将直接在搜索页面上就人们的问题给出答案。无论他们要搜索的是天气、比赛成绩、股价，还是电影的放映时间，只要我们有相关的信息，就会直接提供在页面上，而且只要人们愿意，就可以通过点击跳转到其他的网站。于是，我们着手重构产品，并以"满足你愿望的捷径"为宣传口号，为新的雅虎搜索策划营销活动。（这场变革以现在的眼光来看，实在平淡无奇，毕竟所有的搜索引擎都在采取这样的做法，但在当时，它绝对称得上是一个伟大的创新。）

我们开始为营销活动制订各式各样的策划方案，而且按照科技公司的标准来看，我们的活动预算也堪称大手笔（不过在大多数消费品营销人员看来，那个数字可能小得不值一提）。由于雅虎搜索的战略对整个公司来说十分重要，所以我有大把时间用于在各位高管身边演示我们的调查结果和活动计划。

其中有一位资深高管对我们的品牌营销做法并不认可。他倒不是反对创意或材料的具体细节，而是干脆认为我们压根儿就没有为其营销的必要。在他看来，尽管品牌营销在消费品领域司空见惯，但大多数科技公司不会也不必采用这种方法。（值得一提的是：这种说法在互联网时代的初期更接近实情，只不过雅虎在当时就敢于标新立异，通过播放配有标志性约德尔唱腔的电视广告巩固了品牌地位。而今传统的营销活动在科技领域已经司空见惯，从谷歌到亚马逊，人人都在做典型的品牌营销。）鉴于我已经知道他持有强烈反对的态度，因此对于向他演示这件事心存恐惧。虽然现在回想起来，当时的恐惧似乎傻到家了，但那的的确确就是我的感受。因为我亲眼见过他在会议上吹毛求疵或是盛气凌人的时候，所以忍不住猜想他会做何反应。

几个月后，我们已经开展了包括平面、数字和电视广告在内的全部活动，是时候向他演示我们营销工作的成果了。我打算把整个周末都用来做准备工作，于是就去了父母家，结果在那里看到了父亲的表弟比尔·奥伯菲尔德，他也在我们所居住的城市，又恰好是一位心理医生。比尔问起我的工作状况时，我坦言自己正为即将到来的演示而忐忑不安。

他接下来说的一番话让我至今难忘："假如你把自己想象成动作片里的一个超级英雄，会怎么样呢？想象有一大群人正在你的身后，为你鼓劲儿加油。当你走进会议室的时候，想象你穿着一件超级英雄的披风。假如他说了什么让你倍受打击的话，就深吸一口气，想象一下你的披风，想象一下支持你的观众。"

当时我认为这个建议简直俗不可耐，但是说真的，当我穿着一身大红色去开会的时候，心里的确在想："我要像一个无所不能的超级英雄一样走进会议室，我要想象自己穿着披风。无论他说什么，我都只会深吸一口气，然后继续。"

当我走进会议室，还没来得及开始演示的时候，他就先声夺人："我不知道你打算演示什么东西，我只知道我们为这个活动花了太多的钱，结果却毫无成效，所以我决不会让它继续下去。"

以这种方式作为一个会议的开场白，真是够粗鲁的。

好在我带着想象中的披风。此外，我还带了另一样关键的东西——无可争议的数据。事实证明，这份数据也相当给力。于是我就像比尔教我的那样，深吸了一口气，然后说："好吧，我了解你的那种感觉。但无论如何，还是让我用数据说话吧！"

当我们开始浏览整个 PPT（演示文稿）的时候，戏剧性的事情发生了。情况越来越明了，我们的数据是无可辩驳的。其中有一页幻灯片以清晰可见的方式专门展示了雅虎搜索的市场份额变化——一个是在我们的广告活动开始之前，另一个是在我们的广告活动开展之后。我们获得了整整一个点的市场份额，也就是为公司带来了几千万美元的价值。显而易见，无论任何人有任何看法，这些数据都是不会骗人的。当我们看完 PPT 其余的内容，而演示也宣告结束的时候，他直视着我说："你知道吗，你用这些数据证明了我之前的判断是错误的，这个活动其实收效甚佳。"简直是颠覆性的转变啊。

那一刻，我意识到了两件关键的事情。第一，我拥有的力量其实超出了我的想象，而且利用数据可以创造出一个人人平等的环境。正是因为有了确凿的事实，再加上更多的自信，我才能够和一个之前被自己视为洪水猛兽的人平起平坐。第二，我完全没有必要把我们两个人视作相互对立的英雄和反派（或是大卫和歌利亚）。我们终归是在同一个团队（就这次的情况来说，我们真的是在同一个团队，为同一家公司工作，拥有同一个目标）。由于这件事发生在我职业生涯的早期，所以我还不理解坐在决策者的座位上是怎样一种感觉——坐这个位置的人必须为了有可能奏效也有可能不奏效的事情冒险赌上公司的资源，做出批准或是不批准预算的决定。现在这种事对我来说已经成了家常便饭，所以我能明白个中压力究竟有多大。假如当初我能尝试对此多一些了解，或许就能为他多提供一些信息，让他从一开始就对这个决定多一些好感；再不然，假如当初我能承认我也看到了这种方法的潜在风险，那么我们就可以尝试齐心协力共渡难关。

最终，我们还是在相互尊重的基础上逐渐建立了良好的关系，而且至今仍在保持联系。那次的经历教会了我很多东西，让我不但懂得了在要求与我合作的决策者做出重大决定之前，应该帮助他们做好更充分的准备，而且懂得了当一个决策者犯错的时候，如实承认需要多么大的勇气。我为此对他心生敬佩，并且时刻提醒自己这样做的好处。

一目了然的数据不仅有助于说服各种决策者——哪怕是最多疑的那种——还可以帮助你预先建立一种关系，让决策者不但能够掌握做出合理决定所必需的信息，还能够看到他们自己有可能从哪些方面受益。数据会赋予你力量。但如果单凭数据还不足以支撑你达到目的的话，那么可能就需要穿上你的披风了。

对过程有长远的规划

请牢记一件事情，那就是这些运动有的需要花费相当长的时间，哪怕运动的理念从一开始就得到了广泛的大力支持。因此只有耐心对待运动的过程，才能最终获益。在北弗吉尼亚州唐氏综合征协会里，有这样一群深谋远虑的父母，他们早在 2006 年就围坐在厨房的一张桌子边，讨论了残障人士及其家人为他们的未来制订经济计划的必要性，此后又用了长达 8 年的时间，最终实现了这一目标。他们的主张得到了美国唐氏综合征学会会长萨拉·威尔的帮助，还得到了本身患有唐氏综合征的萨拉·沃尔夫的支持——沃尔夫是一位不同凡响的年轻女性，也是这场运动的代言人——从而促成了 2013 年《优化人生体验法案》的出台。“优化人生体验”账户是一种可以享受税收优惠的储蓄账户，它允许残障人士在储蓄金额不超过 10 万美元的情况下，仍有资格享有社会保障和医疗保险或医疗补助之类的政府计划（此前的存款上限只有 2000 美元，因此残障人士或其家人很难通过储蓄的方式为他们的未来提供保障）。《优化人生体验法案》被视作继《美国残疾人法案》（Americans with Disabilities Act）之后，惠及美国残障人士最为广泛的公共政策。它对 5800 万人口给予了尊重和支持，让他们从此能够负担得起保险范围之外的无障碍住房和交通设施、辅助技术，以及额外的卫生保健服务。

萨拉·威尔对我讲述了推进这部议案的曲折历程——整个过程耗费 8 年多的时间，历经五届美国国会。据说她和她的支持者们制订了一个使者计划，就是由各位倡议者扮演使者的角色，通过电话、电邮和个人故事吸引华盛顿立法者（国会议员）的关注；他们开创了一条让国会领袖实现两党合作的通道，使得 380 名国会议员前所未有地为其联署提案。（就一部支出议案来说，这样的结果显得尤不寻常。）尽管最初的进展十分缓慢，但是投入时间去建立这些关系和确保议员们真正了解问题所在，最终让美国唐氏综合征学会受益匪浅。

虽然让最初的议案获得通过和正式立法足足用了8年的时间，但是让50个州中的47个州通过“优化人生体验”相关法案只用了7个月的时间。正是由于萨拉·威尔和支持者们高瞻远瞩，所以才能够与两党成员卓有成效地合作，并最终实现了他们想要的结果：“我认为在这段十年之旅中，我们为《优化人生体验法案》而做的所有事情都是无可争议的，”她对我说，“在尽量接触更多当选议员的过程中，我们遭遇的最大挑战就是让他们真正理解和了解现实——每当你说到残障人士的账户不能超过2000美元的时候，人们就会目瞪口呆地问，‘怎么可能呢？现实怎么会是这个样子呢？已经过去差不多60年了，这种情况为什么竟不曾改变呢？’”美国唐氏综合征学会的团队之所以能够接触到那么多的国会议员，全赖他们组建起的一支联盟队伍，其成员不但包括萨拉·沃尔夫的草根军团，还包括一群通晓立法细节、议案文本，以及立法将对残障人士有何影响的专业人士。

只要你眼光长远，那么哪怕是与决策者建立关系的过程进展缓慢，也能够逐渐产生巨大的效应。对数千万残障人士来说，为了确保所起草的法案能够迅速获得通过和正式立法，多花几年时间也是完全值得的。与此同理，只要你的运动像《优化人生体验法案》背后的运动一样拥有潜在的强大力量，那么花再多的时间都是值得的。

参与的五个阶段

在变革网工作期间，由于网站上每天都要发起 1000 多项要求人们和机构做出改变的运动，所以我对决策者的世界有了一种独特的看法。根据数据，我发现决策者在对指向自己的运动做出反应的过程中，往往会经历一系列可以预料的阶段。我把它们称作参与的五个阶段：否定（denial）、聆听（listening）、认可（acceptance）、拥护（embracing）和授权（empowering）。虽然并不是所有的决策者都会完整地经历这五个阶段，但是我们的确能够发现，其中每一个阶段都会呈现出一种规律性。

了解这些阶段能够帮助你更加有效地说服你要设法影响的决策者，确切地说，帮助决策者看到“否定”所带来的风险，看到“聆听”与后续行动所带来的好处，从而帮助你更有说服力地推介自己的项目。为了简明扼要地描述以下各个阶段，我将以针对企业决策者的请愿作为例子——因为它们发生的时间周期更短，而且能够清楚地展示每一个阶段。不管怎么说，这些故事已经足以说明各类决策者会以什么样的方式对变革诉求做出反应。

1. 否定

与悲伤的五个阶段一样，参与的五个阶段也是以否定作为第一个阶段。有些决策者更愿意企业一切如常，表现得好像周围什么都没有发生一样。曾经备受推崇的“海洋世界”就是一个很好的例子。2013 年，一部名为《黑鱼》（*Blackfish*）的纪录片批评了各地水上公园圈养虎鲸的现象，并对虎鲸的权属提出了异议。片子一经播出，海洋世界就被推上了风口浪尖。当时公众的反对之声不绝于耳，并在变革网上发起了几十项运动。虽然海洋世界最初也曾尝试过与批评性言论积极抗争，甚至还举办了一场支持虎鲸的广告活动，但是由于公众的非议与日俱增，所以海洋世界的合作伙伴开始陆续抽身，海洋世界的业务量也出现了急剧萎缩，最后只能被迫采取行动。2016 年 3 月，海洋世界决定停止虎鲸繁殖和虎鲸表演，转而将关注焦点投向教育计划。

令人惊讶的是，最后的事实证明，多年以来始终否认虎鲸问题的海洋世界在做出改变后，情况竟朝着更有利于其业务的方向发展。据《纽约》杂志报道："他们一直为之顽抗的这场存在之战居然是为了一样人们再也不想要的东西……对全国各地 2400 人展开的一项调查显示……海洋世界的好感度提升了 11~27 个百分点。"[6] 假如他们当初能够更快地离开"否定"阶段，那么海洋世界的声誉就可以免遭重创，还能省下几千万美元的费用。所以说，假如你能够帮助决策者懂得，采取行动不但可以保护他们的声誉，而且可以让情况朝着更有利于其业务的方向发展，那么你就会有更大的概率得到自己想要的结果。

2. 聆听

第二个阶段是聆听，在此期间，决策者不能或者还没有准备好履行人们对自己提出的要求，却希望参与进来并展开对话，以此表明他们愿意听取反馈意见的态度。有些时候，哪怕仅仅是让决策者听到你的声音，知道你的声音十分重要，并就此开启一场对话，就代表着你已经在推进运动的道路上迈出了一大步。在与一个决策者开展一段关系之初，仅仅要求一次会面或是一场对话的威胁性会小得多。

2014 年底，“老海军”[①] 的顾客蕾妮·波西在变革网上发起了一项运动。她认为“老海军”不对大码男装加价，却对大码女装加价的做法十分不妥。蕾妮的请愿得到了将近 10 万个签名。包括《早安美国》(*Good Morning America*)在内的全国性媒体纷纷报道了这件事，使得“老海军”激起众怒。但随后这家企业就做出了与蕾妮会谈的决定，打算听听她要说些什么。归根结底，蕾妮并不是一个刻意针对“老海军”的批评者，而只是它的一位顾客，更何况，她还是喜爱这个品牌的，她只是希望看到男性和女性被公平对待。在接受《赫芬顿邮报》的一次采访时，蕾妮说，在与“老海军”及其所属的盖璞公司的三位高管进行电话会议期间，她要求他们考虑制订一个计划，解决消费者关心的问题。换句话说，就是取消大码女装与大码男装的价格差异，让人们有更多的新款大码服装可以选择，并改变他们的退货政策，允许在线购买的大码服装在实体店里进行退换。

三位高管并没有出言辩护，而是对蕾妮言明，他们已经了解

---

① 老海军（Old Navy）成立于 1994 年，是盖璞公司（Gap Inc.）旗下的一个品牌，以设计大胆、色调活泼为特点。——译者注

到她所关心的问题，也打算有针对性地采取措施。虽然他们没有马上同意她所有的要求，但同意立刻实施一些重要的步骤。他们开始允许大码服装在实体店进行退换，并组建了一支包括蕾妮在内的大码女装顾问小组，借此更好地了解这部分客户群。虽然蕾妮并没有立即得到自己想要的一切，也因此使得一些为她的请愿签名的人希望落空，但她还是很高兴“老海军”能够聆听并采取行动，于是决定将这场运动的结果归为胜利的范畴，并向签名者更新了一条信息，赞扬了“老海军”和盖璞公司的初步举措。

假如你让决策者知道，你愿意从一场对话开始，给各方一个表达自己看法的平台，那么它就可以被当作一个起点，继而促成潜在的行动。有些问题可能只有通过相互聆听的方式，才能发现可供替代的解决方案。

3. 认可

第三个阶段是认可：决策者对要求他们做出改变的人予以聆听，并承认后者提出的要求属于合理范畴，继而决定按照这个要求行事。不过，也就只是“认可”而已，因为决策者虽然同意实施变革，却没有更进一步地参与其中，就变革一事与他们的顾客或选民更加深入地合作，也没有对变革进行大力宣传，使其成为他们的平台或品牌的一个核心组成部分。

2013 年，一位在工作单位遭受过性侵的受害者发起了一项请愿，要求领英设置一项屏蔽功能。虽然她已经辞去工作，但是在领英上仍被骚扰者纠缠不休。她采用的是我们已知有效的两种方法：一是将她的个人故事分享出来，让这个问题更能触动人心；二是利用数据，让她的诉求更有说服力，同时指出除了领英之外，所有的主流社交网络都已经具备屏蔽功能。她的运动是行之有效的：领英真的推出了屏蔽功能，而且在领英负责信任与安全事宜的主管保罗·洛克威尔还以决策者的身份公开回应道："我们知道各位会员提出了在领英上设置一项屏蔽功能的要求。我今天出现在你们的面前，就是为了向你们保证，你们关心的问题已经得到响亮而清晰的阐述，我们也已经悉数听取。而我们之所以开设这样一个功能，不仅仅是因为我们的会员有此要求，还因为我们自己也知道这是正确之举。"[7] 他们的客户对此给出了非常积极正面的反应，媒体也对他们进行了一些不偏不倚的报道，大部分都是在说人们很高兴听到终于有了屏蔽功能的消息。假如能够说服一个决策者一路走到认可阶段，就说明你已经渐入佳境了。

4. 拥护

参与的第四个阶段是拥护，这个时候的决策者对要求他们变革的人所请求的事情会表现出积极拥护的态度。他们实施的变革甚至会超出运动领袖所要求的范畴，并且有可能通过大力宣传变革来培养一批更加忠诚和活跃的客户或选民。2015 年，英国伦敦的劳拉·科伊顿在得知卫生棉条和其他卫生产品需要额外征收 5% 的增值税时，不禁大为震惊，因为通常情况下，适用这种税的都是奢侈品，比如直升机，还有短吻鳄之类的舶来肉制品。于是，她开展了一项名为“# 取消卫生棉条税”的运动，收集到了 32 万个签名，又说服英国政府通过一项明确卫生用品属于必需品而非奢侈品的法令，并取消有关税费。此后，这项运动的规模日益壮大，在法国、德国、澳大利亚和马来西亚这些将卫生用品作为奢侈品征税的国家引发了姐妹运动。

然而，尽管英国的法令于 2016 年即获得通过，但是现行税制的有效期却可以延续到 2018 年。2017 年年中，作为英国最大卖场之一的乐购（Tesco）站了出来，就这一问题与他们的顾客建立了合作关系。他们没有一味地等待现行规定失效，而是决定把将近 100 种卫生产品的价格下调 5%，以此弥补 5% 的税差。此举让他们的品牌大获全胜，深受顾客好评。另外，当顾客们为了更优惠的价格蜂拥而至的时候，乐购还有可能同时赢得经济利益。现在劳拉又发起了一项请愿，要求其他卖场和药店效仿乐购的做法。

乐购表示愿意为顾客们支付卫生棉条税

5. 授权

参与的最后一个阶段是授权，也是整个过程峰回路转的地方。在这个阶段，决策者才会真正向他们的消费者和选民授权，一是允许其代表决策者采取行动，二是允许其成为倡议者，为决策者关心的事业提供支持。实际上，这时候的决策者相当于变成了运动的发起者。比如爱彼迎、来福车和优步等企业，目前已经开始授权它们的顾客（或潜在的顾客）代表自己的品牌向当地的立法者提出倡议，允许它们在不同的城市提供服务。

卢安·卡尔弗特在担任维珍美国航空公司的首席营销官期间还帮助这家航空公司发起过一项运动。她知道，维珍公司拥有一批十分热情的顾客，一旦有需要，就一定会为维珍品牌提供支持。当达拉斯的拉夫菲尔德机场有两个登机口即将投入使用时，维珍公司需要通过与达拉斯机场管理局谈判来争取这两个登机口的使用权，它选择直接去找自己的顾客求助。它在变革网上发起了一项请愿活动，要求支持维珍的人为其签名，从而把它的忠实支持者联合了起来。维珍将这项运动命名为“解放拉夫菲尔德”，并最终获得了胜利。短短两周内，维珍公司就收集到了 2.7 万个签名，结果不但得到了那两个登机口，还取得了巨大的商业效益。

……

前不久，我在一个卫生保健行业大会上发表了一番演讲，当时在场的与会者全部是来自卫生保健行业的主要利益相关者，其中包括许多大型保险公司的负责人。他们心心念念的问题是，如今人们可以轻而易举地通过社交媒体实现信息的传播，因此来自客户方面的压力正与日俱增，此情此景他们应该如何应对。而尤其让他们忧心忡忡的是，假如他们同意将之前不在保障范围之内的药品或手术纳入保障范围，会不会由此创下难以维系的先例。我对他们这种进退维谷的感觉深表同情。但是假如他们和其他决策者能够换一种思路，想象自己正在打造一项可以得到客户支持的运动，就像梅子有机食品和维珍之类的品牌已经开展的运动那样，那么他们就能够与自己的客户联手摆脱当前的困境。在客户的帮助下，他们既可以与立法者制定的那些富有挑战性的政策法规做斗争，也可以给药品公司施加压力来迫使其降低价格。既然看上去最弱小的人群——罪案受害者、青少年、老年人和默默无闻的人——都能够有效地发起运动，促成变革，难道最强有力的企业反而做不了同样的事情吗？

最有效率和最受尊敬的决策者将会是那些能够在“参与之梯”上迅速攀升的人，是那些能够看出积极回应的背后其实存在经济利益的人——采取正当之举的背后也存在经济动因。至于那些选择短期内暂不参与的人，则很可能会在长期内被迫参与。因为在此期间，动因会发生变化，力量也会持续不断地向民众和客户转移。所以运动的发起者应该问决策者这样一句话：“你究竟是想成为领导者，还是想成为追随者？”帮助决策者了解成为变革的先锋究竟有何好处，应该是最有效的一种说服方法。

……

一旦你已经完成实现愿景的所有必要步骤，包括制定了一套“变革理论”、争取到了早期支持者的加入、与决策者展开了有效的合作，帮助你的运动保持住了发展势头，那么接下来就需要想一想，用什么方式才能让支持你的团队人尽其才。你越能够激励支持者采取行动，你的运动就越成功。

引导成员进行积极的互动

持续激励个人和团队的最有效方式之一就是让他们不断面对挑战。当人们感觉自己的学习和成长已经与工作过程融为一体的时候，他们就会以更加饱满的工作热情投入到与团队的合作中和对事业的支持中。

当我还是个小女孩儿的时候，一直以为当老板就是挥着手臂走来走去，嘴里还反复喊着：“我是老板！我是老板！”现在我才知道，事实恰恰相反，当老板的人几乎从来不会是那个样子。

——蒂娜·费伊

实现有效的领导

一旦你阐明了自己的愿景，积累了早期的动力，那么接下来的一大步要解决的问题就是如何不断激励和鼓舞人们加入你的战斗。无论你是白手起家，利用影响者和社交媒体来从头寻找支持者，还是拥有一支既定的团队，比如当你在创办一家新的企业，或是在一个现有的组织机构内提出一个新的理念的时候，你的运动能否持续都取决于你的团队能否给予持续的支持。若是没有其他人支持你和传播你的事业，你就不可能真的开展起一项运动。

值得庆幸的是，无论是在企业里，在运动队里，在教室里，还是在政府会议厅里，鼓舞和授权人们支持和发展你的运动所必需的技巧都如出一辙。虽然本章里介绍的一些方法通常会被领导者用于较为正式的团队，但是我相信，这些概念对于临时团队也一样有用。尽管运动中常常会有一位有如神授的领导者一马当先，不过只有当每位参与者都投入到推进该项事业的工作中并产生被信任的感觉，领导者才能成功地实现变革。正因如此，我们才需要牢记一个关键的道理：一支团队是由许多的个人组成的，而你要想打造一项运动，就必须激励团队里的每一个人为这项事业奋斗。

我第一次意识到这个道理是在大学里为赛艇队掌舵的时候。无论对划手来说，还是对我此后加入的所有团队来说，这个道理都是不刊之论。在担任舵手期间，找到激励整支队伍的方法对我来说固然重要，但是懂得如何激励每一位划手对我来说也同样具有重要的意义。我判断每位划手最适合哪种方法的途径就是在划船运动练习器上分别训练每一个人，通过尝试不同的技巧来测试每一个人从状态良好到状态很好的分界线。对某些人来说，这条分界线是带有鼓励性的反馈意见，比如“我知道你能做到”；而对另一些人来说，这条分界线则是带有竞争性的反馈意见，比如“别让这种事儿浪费你的时间了”。

不同的激励因素适用于不同的人，而学会如何运用个性化的方法驱策他们每一个人，则会让整个团队获益更多，获胜更多。如今在工作中，我会利用自己发明的一种方法来了解每个团队成员的驱动力因素。

许多年以前，当我在雅虎领导一支由优秀营销人员组成的团队时，曾发生过一件意想不到的事情。在一次一对一的会谈中，我团队里的一位女士对我说：“我想要你知道，假如我的工作真的十分出色，那么直接给我加薪就好。我不在乎赏识和奖项，也不会因为几句表扬就得到激励。假如我干得出色，那就直接给我发奖金或是给我加薪。”

我当时的回应显得结结巴巴的，因为她的这番话确实让我有些吃惊。但是当我再三斟酌这段话的时候，却意识到一件事情：假如这位团队成员没有告诉我什么要素能够对她形成激励，那么我可能永远都无从得知。而更糟糕的是，当我想要奖励她的出色工作时，很可能会尝试一种对我来说算是激励，但是对她来说却毫无作用的方式，结果导致她心灰意冷，从此以后不太可能再有出色的表现。

我意识到，假如我想要她快乐而高效地工作，那么就需要运用一些能够确保她体会到快乐的方法，而我能够掌握的最有用的方法就是详细了解究竟有哪些要素能够对她形成激励。这个道理也适用于其他关系。它通常被称为“白金”法则：你要用他人喜欢被对待的方式来对待他们。而不要用“黄金”法则，即用你喜欢被对待的方式来对待他人。

这次谈话让我豁然开朗，基于此，我做出了一个决定，让人们持续快乐工作的最好办法就是从现在开始，直接去问团队里的所有人哪些要素可以对他们形成激励。为了行之有效地做到这一点，我发明了一个工具：激励饼图。我知道这个名字不怎么样。事实上，按照我团队里一位工程师的说法，这是他参加工作以来所看到的最迪尔伯特式（最白痴）的东西。可是它真的很实用。激励饼图不同于绩效考核，后者是让我们衡量某人的表现与组织为其设定的目标相比有何差距，而前者问的是一个组织的做法与激励某一个人需要达到的标准相比有何差距。这个工具的用法特别简单，你只需要让人们完成以下三个步骤：

- **选择类别：**将所有能对你形成工作激励的要素分门别类地写下来——赏识，报酬，学到新知识，弹性工作制，等等。你想写多少就写多少，也没有预设的类别。只要是对你来说重要的事情，都可以列入这张清单。
- **分配权重：**按照每个类别对你的重要性，以百分比的形式给它们逐一分配权重。这些百分比相加的总和要等于100%，然后你就会得到一个综合性的饼图，把能够对你形成激励的要素全部表示出来。
- **用颜色标注满意度：**利用包括红色、黄色、绿色在内的一系列颜色代码，评价你目前对清单上列出的每一个类别的满意度。假如你对自己的报酬非常满意，就把它标注为绿色。假如你特别不满意自己这份工作的挑战性，就把它标注为红色。以此类推（见下图）。

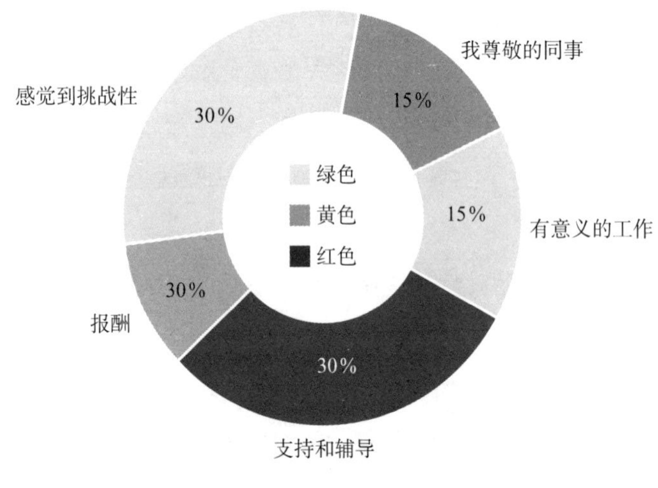

“激励饼图”范例

假如你是以团队领导者的身份使用这个工具，那么接下来的一步就是与你团队里的每个人来一次开诚布公的对话，聊一聊你以什么样的方式合作才能让你的团队成员将他们所选的类别全部标绿。了解人们的快乐来源是一种非常有用的方式，由此你可以确保大家在团队里始终得到激励并支持你的运动。

自从在雅虎有了那次破天荒的对话之后，我又在四家企业对1000多人使用了这个工具，结果发现了一种颇为有趣的模式。尽管个性化的激励因素数量繁多（我听到过“我想每天早上都能去攀岩”，也听到过“我喜欢上杂志封面”，简直是天下之大，无奇不有），但是下面这三个激励因素却是大多数人所共有的：

- **意义**：人们希望从事有意义的工作，这样他们就能产生一种信念——自己所做的事情十分重要，也值得他们付出时间和精力。另外，他们还希望了解自己作为个人所扮演的角色与组织的使命之间存在哪些联系。
- **成长**：人们希望一直循序渐进地学到新的知识，并从事富有挑战性的工作。一旦他们无法再感觉到自己的成长和发展，就会失去动力。
- **关系**：人们会在与自己尊敬、钦佩和信任的人共事的过程中得到激励和鼓舞。当他们与自己喜欢和关心的人组成一支团队的时候，就更能发现工作的乐趣。

在过去的15年里，这三个普遍性因素几乎出现在我看到过的每一份饼图中，只不过名目各异而已。当然，金钱也的确能够对人们形成激励，特别是当他们感觉自己得到的报酬远远比不上自身的价值时。正如马斯洛的需求层次理论所描述的：一旦人们感觉自己的基本经济需求得到满足，所获得的报酬也与自己的能力相当，接下来他们就会迅速升至“更高的层次”，开始关注意义、伙伴和学习之类的激励因素。需要注意的是，这个饼图会随着时间的推移而发生变化。这本在意料之中，就像我们的生活和职业会发生变化一样，适用于我们的激励因素也不例外。

在建设和领导一支团队的时候，无论是什么类别的团队，你都必须既了解每个人的个性化激励因素，又要了解上述这些普遍性激励因素。在本章接下来的内容中，我将带着你逐一分析以下三个核心话题，告诉你怎样才能让它们在工作中发挥效用，进而将你的团队整合起来，让他们热心支持你的运动。假如你想要鼓励人们支持一个愿景，那么就要阐明这个愿景为什么意义重大，表明他们的角色与这个愿景之间存在哪些联系，说明他们在成为团队的一分子后能够学到怎样的知识，感受到怎样的挑战，并且还要建设一支成员之间相互尊重和支持的团队。

话题一：为有意义的目标而战

正如我在本书中一再强调的，有意义的目标是发起任何一项运动的关键。另外，正如我们在饼图中看到的，有意义的目标还

动荡不安，“奥兹盖坎法”因而至今仍未获得通过，但是议会已经在审议这项法律草案。除此以外，奥兹盖坎谋杀案的三名男性罪犯也已经全部被判处终身监禁，表明对女性犯下罪行的男性被处置的方式从此发生了标志性的转变。哥兹德想要让“奥兹盖坎法”获得通过的愿景使得政治观点和背景千差万别的人联合成了统一战线，在这场运动中共同致力于让那些对女性犯下罪行的人得到更严厉的惩罚。

用有关目标的故事感染你的团队

在现有的组织机构内部，若是领导者能够始终将组织的目标置于首位，也会变得更有效率。而做到这一点的最佳途径之一就是将被你的愿景所影响的那些人的故事彰显出来。我们在第一章里提到过的梅子有机食品公司的尼尔·格里默就是如此，在每个星期一早上召开的全员例会上，他都会提醒他的团队牢记他的愿景。具体来说，就是每当会议接近尾声的时候，都会有一个名为“爱心炸弹”的环节，即通过分享某位消费者的一张照片和一个故事，让大家看到这位消费者的家庭生活如何因为梅子有机食品而发生了改变。按照尼尔的说法，这种提振士气的方式是他们作为一家企业开展过的最具效力的活动之一，因为在它的帮助下，他们会在开启新一周的时候，意识到自己是在做一件十分重要的工作。他说：“哪怕你的确是在从事一份十分重要的工作，也还是会偶尔感觉自己好像只是在重复上班打卡和下班打卡的动作。

但是当那种提醒彰显在每个星期一早上所做的第一件事中的时候，你就会拥有满满的能量去挺过那种偶尔出现的时刻。”

我们在互联网也会利用一套类似的流程，让人们始终觉得自己与企业使命密切相关。我们每个星期都会召开全员视频会议，届时全球各地所有团队的同事都要参加，我们经常在会上分享某位请愿发起者的视频，或者邀请一位发起者参加团队的视频会议，聊一聊这个平台如何改变了他或她的生活。由于使用互联网的人通常都要克服重大的个人挑战，所以这些故事几乎总是能够感人肺腑。将团队成员与平台用户直接联系起来的方式能够产生巨大的效力，确保整个团队感觉到自己与组织的目标密切相关，对工作绩效与目标略显遥远的成员尤其有效，比如金融、工程等部门的人。

但凡能够有效地将目标的意义在团队中进行强化的组织，都用尽了各种办法来达到目的，要么分享故事，要么在产品使用者、制造者与支持者之间建立联系。其实可以做到这两点的途径有很多。你既可以参考梅子有机食品和互联网的做法，召开一种规模较小、频率较高的会议，也可以让人们共同参加一种规模较大、频率较低，但是强度较高的活动，比如像“易贝见面会”那样，组织一场有买家、卖家和易贝员工共同参加的大会。兼而有之也未尝不可。比如我在脸书的团队，采用的就是一种双管齐下的战略。我们会定期请脸书的不同群管来与团队见面，也会组织“社群峰会”（Community Summits）之类的大型活动，届时脸书的员工会与几百个超大群组的管理员见面并互动。这样的大型活动有助于巩固社群的凝聚力。在你的团队和你的产品使用者或事业支持者之间如是，在支持者之间亦如是。哪怕是非正式的会面，也能够为你的团队提供一个至关重要的学习机会，让他们懂得应该如何发展你的事业或者开发你的产品，才能更好地满足特定人群的需求，实现你为这一人群改善生活的目的。你和你的团队对你希望影响的人群了解越多，你满足他们需求的可能性就越大，所有人感觉自己与目标的联系也就越紧密。

向其他人传播你的目标

尼尔·格里默经常谈到价值观驱动型企业将如何成为新经济的中心，并明确指出了出现这种现象的原因：在这种企业工作的人会为核心目标的意义所激励。另外，他也希望在自己新创办的企业“习惯”[①]里再次证明这一观点，这家企业旨在向追求更健康的生活方式的人群提供个性化的健康检测和营养计划。与梅子有机食品的缘起类似，尼尔创办“习惯”的时候，市面上也没有其他企业能够满足他的个人需求。尼尔告诉我，尽管他早年曾是一位铁人三项选手，但是在经营梅子有机食品 8 年之后，他却产生了医生所谓的“首席执行官应对机制”——过度摄入不健康的

① 习惯（Habit）的问世是向伪科学和千篇一律的所谓时尚饮食发起的一项挑战，它的用户可以用一套检测工具在家里完成采样，再用已经预先贴好标签的包裹将其寄往获得认证的实验室，“习惯”将根据检测结果为用户制订个性化的营养计划，而用户则可以从 App（手机应用）上获得相关指导和定时提醒。——译者注

食物、酒精和咖啡因，以及睡眠不足。他的体重长了足足50磅，而且当他终于去看过医生之后，发现自己已经成了糖尿病前期和心脏病高危人群中的一员。

尼尔没有局限于看医生，而是开始诉诸“生物黑客”（biohacking）手段，会见全国各地和世界各地的科学精英；他甚至还通过全基因组测序检测了自己的基因。通过这种方式，他收集到了各路人士针对他的身体状况所发表的见解。尼尔意识到，自己的经历并非个案，他的个人发现对其他人来说应该也存在价值。正如他对我所说：“我意识到一点，虽然自己花费了数千美元，多次出国拜访不同的专家，才得到了这些有关我自身状况的见解，但实际上，它们应该成为人人都能以合理的价位享有的服务，成为一种大众化的产品，让人们能够通过饮食来掌控自己的生活。”

这次亲身经历让尼尔深感健康与饮食之间存在着重要的联系，于是他又着手成立自己的第二家企业。尽管团队里的其他人（或是他尚未招入团队的人）起初对尼尔的目标可能不以为然，但是尼尔的满腔热忱却帮助他为“习惯”团队吸引、聘请了许多杰出人才，并使他们深受鼓舞，其中就包括他们的首席科学家和首席技术官。在招募专家——比如作为“人类基因组计划”（the Human Genome Project）创始人之一的勒罗伊·胡德博士——加入“习惯”的顾问委员会时，尼尔清晰的目标也起到了核心作用。可以说，一个清晰的目标不仅能够帮助你持续鼓舞团队士气，而且能够帮助你从一开始就建立起一支出色的团队。

追踪你的进展

要想知道你是否在创造变革，你需要对自己的进展进行追踪。虽然人们常常会追踪营业收入和受众增长这类有关商业成就的核心指标，却往往忽略了追踪与他们的愿景和“变革理论”真正相契合的指标。不可否认的是，你致力于实现的那个愿景很有可能是一件前所未做的事情，在这种情况下，找到完美匹配的指标不一定是件容易的事。然而，衡量影响就算不像单纯地衡量营业收入或日活跃用户那样一目了然，对鼓舞团队来说也一样具有关键性的意义。我们已经知道，工作的意义会对人们形成激励，如果能够加以衡量，则有助于人们看到他们的工作究竟有多么重要。沃顿商学院教授、畅销书作家亚当·格兰特与密歇根大学的筹款呼叫中心合作开展过一项研究，对有意义的工作、激励因素以及效果这三者之间的关系进行了阐释。[3] 当呼叫者得以致电一位曾经从他们的筹款活动中获益的学生，并且听到这位学生表达对该项奖学金的感激之情时，就会产生惊人的效果：在一个月内，呼叫者与潜在捐赠者的通话时长增加了 142%，他们筹得的捐款则增加了 171%。而后来的一项研究显示，该中心的营业收入呈现出了持续性的增长，并且增长率超过了 400%。[4]

变革网的愿景是打造一个没有人再感到无能为力的世界，所以在变革网，衡量影响就意味着要想方设法弄明白该如何衡量人们对自身力量的感知。我们迈出的第一步是尝试使用纯粹的定量指标，具体来说，就是观察可以对请愿的成果进行量化的指标。

起初我们把关注焦点放在了体验过成功的人数上，因为按照我们的设想，假如有人参与过一项最终获得了胜利的运动，那么他们就有可能感觉自己拥有更多的力量，同时更加强烈地感知到变革的可能性。在 5 年内，该指标从 800 万人增长到了将近 1 亿人。尽管就指标本身来说，这样的结果堪称惊人，但我们却发觉自己其实并没有感知到这是否真的改变了人们对自身力量的感觉。最后，我们发明了一种名为“力量指数”（empowerment index）的东西，利用的是调查所得的定性指标。通过将这个指数与胜利指标相结合，能够清楚地感知到自己是否在朝着愿景的方向不断前进。而这种结果反过来又有助于团队相信自己正在制造影响，并发现自己所从事的工作充满意义。

话题二：创造成长机遇

虽然这种说法可能有违直觉，但事实上，持续激励个人和团队的最有效方式之一就是让他们不断面对挑战。当人们感觉自己的学习和成长已经与工作过程融为一体的时候，他们就会以更加饱满的热情投入到与团队的合作中和对事业的支持中。在这部分内容里，我将通过介绍一些实例来说明领导者怎样才能有效地在团队成员之间创造成长机遇。

寄予厚望所产生的效力

多年以前就已经有研究表明，对人们寄予厚望有提高业绩的效力。专家称这种现象为“皮格马利翁效应”（the Pygmalion Effect）①。

1966 年，哈佛大学的研究员罗伯特·罗森塔尔率先证实了这种效应的存在。[5] 在他开展的实验中，教师们被告知他们的哪些学生（大约占 20% 的比例）将会成为智力“超群者”。他对教师们说，根据一次测验的结果，这些学生的智力会在接下来的 8 个月里出现大幅提高。教师们无从得知的是，那份名单上的学生实际上全都是随机选取的。6 个月后，当他们再次对随机选取的学生进行智力测验时，发现他们的成绩果然都有所进步，尤其是相对于参照组来说。正是由于教师们对所谓智力超群的学生寄予了厚望，所以就改变了与这些学生互动的方式，从而导致这些学生更加自信，更加相信自己的学习能力，结果他们的成绩就真的有所进步。[6] 自此以后，皮格马利翁效应又在各种不同的情况下被多次证实，从入伍新兵到企业销售团队，都曾作为试验对象。

2015 年，经营一家领导力咨询公司的杰克·曾格和约瑟夫·福尔克曼对两组人的工作业绩和投入程度进行了观察，其中一组人的管理者总是在业绩考核中对自己的团队给予较高的评价，而另一组的管理者总是给予较低的评价。尽管两组的管理

---

① 其命名源于希腊神话中一位雕刻家的名字，据说他爱上了自己雕刻的一尊塑像。如今，当一位权威人物的正向期望导致另一个人的业绩提高时，我们就说发生了“皮格马利翁效应”。——译者注

者都感觉自己对下属团队寄予了厚望，但是两支团队的工作成果却大相径庭。正如曾格和福尔克曼在《哈佛商业评论》（*Harvard Business Review*）中所描述的那样："当人们得到更具肯定性的评价时，他们就会感觉自己受到了鼓舞和支持，而且对他们的信任会让他们对未来的进步抱有更加乐观的态度。反之，假如管理者在对下属进行评价的时候总是较为苛刻，那么后者就会感到迷茫或气馁，自然也就不可能成功。"[7] 领导者对团队成员给予的信任会成为一种具有自我实现能力的预言，感觉到被管理者所信任的那些人真的有所进步。我的意思并不是说管理者应该在评价自己的团队成员时故意夸大其词，而是说对自己的团队成员充满信心的那些管理者往往会打造出业绩更为出色的团队。

……

假如你对人们寄予厚望，并信任、支持他们达成那些期望，那么他们的进步就会远远超过你的（甚至是他们的）期望。而且当人们感觉自己得到了信任和支持的时候，他们不但会在业绩方面更加出色，还会更加尊敬和信任他们的领导者。我在担任舵手期间和在各家公司任职期间，都曾亲眼见证这种现象，但是若论最值得一提的例子，则是我在职业生涯早期担任教师时的亲身经历。

我上大学的时候，曾经在一个名为"暑期桥"（Summerbridge）的项目中教授暑期课程，该项目——如今隶属于一个名为"突破口"（Breakthrough）的全国性合作组织，旨在帮助积极进取但家境窘迫的中学生走上通往大学的道路。在“突破口”，所有的教师本身也只是高中生或大学生而已。不过，他们却要全权负责课程制定和课堂教学，并且辅导那些在项目中表现优异的年轻人。我刚开始在那里授课的时候，只有 17 岁，能这么年轻就被信任和委以重任，让我感觉自己被赋予了无穷的力量。为了不辜负那种信任，我只能加倍努力地工作，竭尽所能地让自己成为最优秀的教师和辅导员，并且从不放弃任何一个可以向周围人学习的机会。

这个项目中的大多数学生将会成为他们家里第一个有机会上大学的人，而他们为此要走的道路并不总是一帆风顺。他们中的许多人都住在帮派暴力肆虐的社区；往往不是被（外）祖父母抚养长大，就是在单亲家庭长大，再不然就是抚养他们的父母都不会讲英文。许多人不得不在家里照顾年幼的弟弟妹妹，或是打工赚钱贴补家用。然而，尽管困难重重，或者说正是因为困难重重，他们全都表现出了难以置信的动力。正是因为拥有十足的动力，他们才不惧申请表的冗长和挑战，不但认真填写，还附上自己的论文和教师的推荐。而一旦申请成功并为项目接纳，他们就要按照要求，在学校里度过整个暑期。他们不是要思考该怎样放松和休息，而是要准备参加为期六周的全日制课程，然后每晚还要花两个小时完成当天的家庭作业。

对此他们都表现得兴高采烈。

这是他们第一次融入一个崇尚智慧的环境，在这里，他们能够与热爱学习的其他孩子朝夕相处，能够与水平更高的榜样交流互动，能够看到自己打算选择的这条旅程充满希望。

“突破口”的魔力在于它提供了一个真正赋予人们力量的机会：组织和领导对学生和老师都寄予了厚望，对大家能够实现的结果都充满了信念。而且由于他们在清楚表达了这些期望的同时，还提供了达成期望所需的支持，所以人们就产生了被信任的感觉，最后十有八九都能达成期望或是超出期望。“突破口”的中学生们即是如此，他们中间有超过90%的人后来都毕业于本科院校。学生身份的教师们亦是如此，他们中间有超过70%的人后来都从事了教育行业。我本人更是如此，后来成了高中教师，还在匹兹堡创立了我自己的“突破口”项目。如今25年过去了，这个项目仍在运行，并且已经帮助成千上万的年轻人成为家里的第一代大学毕业生，其中有许多学生回来担任了项目教师，有一位叫莎拉·培纳的学生甚至成了项目主管，并在这个岗位上服务数年。这就是运动的力量为何如此强大的另一个原因——当运动足够蓬勃的时候，哪怕最初的领导者已经离开，运动也依然能够进行下去，届时参与运动的其他人将接过火炬，继续奔跑。

从杰出女性洛伊斯·卢芙巴若在旧金山初创“突破口”至今，它已经发展成为一个全国性的合作组织，在美国各地有24处分支，另外在中国的香港也有一处分支。在过去的几十年里，“突破口”共计培育了数万名“第一代”大学生。正是由于它相信人们的潜能并对他们寄予了厚望，所以才让人们对“突破口”报以满腔热忱。

九一式决策

我在曾经供职的地方所采用的决策模式被我称为“九一模式”（90/10 model），通过这种途径，对人们寄予厚望这回事儿就可以被制度化，人们也可以获得成长的助力。其核心理念是，在人们为了完成自己的工作而必须做出的所有决定中，他们应该能够对大约 90% 的决定拥有自主权。而余下的 10% 则可能需要经过签字或批准。假如情况并非如此，则说明你要么是在要求别人做他们不应该被要求做的事，要么是没有授予他们应有的权力。

通过一种类似于“交通信号灯”的系统来实施“九一模式”的作用机制如下：

- 任何一个人要做出的决定都应该有 90% 属于绿色范畴——他们可以自行做出这些决定，而不必跟任何人商量或是获得批准。（需要注意的是：人们仍然可以就这些“绿色”决定征求建议甚至指导，他们只是不必得到别人的批准而已。）
- 还有 5% 的决定属于红色范畴——这种情况发生在这个人知道自己肯定需要得到一位管理者或是上级领导的批准时。通常这些决定要么是一经做出就难以逆转，要么会影响到组织机构内的其他部门，要么会涉及大额预算。
- 余下 5% 的决定属于黄色范畴——这种情况发生在人们不确定它属于需要批准的红色范畴还是畅通无阻的绿色范畴时，

此时他们应该通过与自己的管理者再次确认来得出结论。

用这种结构化的方式做出说明有助于确保：（1）人们在决策方面拥有足够的自主权，进而产生被信任和被授权的感觉；（2）人们可以使用一种共同语言，清晰明了并且心平气和地讨论决策。

为了确定自己是否在正确使用“九一模式”这个体系，你可以利用一份日志对决策情况进行追踪。通常来说，一本决策日志的追踪内容包括何年、何月、何日、何人曾经做何决定，还包括决定的主要依据是什么，决定的协商对象都有谁。一本决策日志可以发挥两个作用：第一，你可以从中看出自己的团队成员是否真的能够自行做出大多数的决定。假如事实证明情况并非如此，那么这份日志还可以作为一个不错的切入点，供领导者及其团队成员开展开放性的讨论。你要专注于明确两个问题，一是决策流程究竟是在哪里发生了故障，二是你怎样才能让人们更加明白你期望由谁来做出哪些决策。第二，没有参与决策的团队成员可以从日志中看清事情始末。在谷歌的领导层会议上，我们会对所有的重大决策进行追踪，并在会后把日志散发给所有的团队。这种方式可以让决策过程完全透明化，包括何人、为何、做何决定。

通过多样化创造成长机遇

在你打造自己的团队时，不要忘了，表现最佳的那些团队总是具有多样化的特点，其成员往往拥有不同的技能、不同的背景和经验，以及不同的人口特征，比如性别、种族、年龄、社会经济地位和性取向。

数十年来，人类已经就这个话题多次展开研究，其结果一致表明，多样化的团队总是能有更多创新，能带来更好的经济效益，能实现更高的增长率，甚至能产出更优质的科研成果。当人们思维模式各异的时候，自然就会产生多样化的观念，于是迫使我们不得不离开自己的舒适区，将不同的问题纳入考虑范畴，进而优化我们的理念。所以当你思考该如何鼓舞一个团队的时候，一定要记住，从思维模式不同于你的人们那里寻求帮助将会获益匪浅。此举尤其有助于创造成长和发展的机遇，因为假如一个团队对于如何优化自己的想法有着多样化的观念，那么其成员一定能不断地学到东西。

在这方面教会我最多的人是我的丈夫莱恩。他来自一个信奉天主教的大家庭，兄弟姐妹加起来有 8 个之多，父母一个是德国人，一个是波兰人，他从小住在匹兹堡一个蓝领阶层聚居的社区，家里的房子也绝对算不上豪宅。他的父母都没有上过大学，而莱恩则是通过参军的方式考上了大学。他所在的部队是由现役军人和国民警卫队组合而成，在那里，他度过了足足 20 年的时光。（就连我们结婚的时候，他飞回家的机票都是当天往返的那种。）第一次见面之时，我就对莱恩一往情深，而现在，我对他的深情则主要来自塑造他的那些经历。他工作勤勉，在解决问题方面既有创造力又有意志力，还总是乐于助人，心地善良。我有时候开玩笑说，我之所以嫁给他，是因为每次我们去别人家吃晚饭的时候，他都是第一个起身帮忙收拾餐具的人。

我来自一个犹太裔的小型中产阶级家庭，从小在旧金山长大。我的父母虽然出身寒微，都是东欧犹太移民的孩子，但是他们凭借自己的能力考上了大学，获得了硕士学位，并成为专业领域内的高管。尽管我从 14 岁就开始打工赚钱，却不必通过这种方式赚取上大学的费用，而且我的成长环境给了我另外一些有助于形成世界观的特权，比如能够出国旅行。

两个家庭的不同观念相结合的结果是让我们两个人和女儿们都受益良多。这种结合使我们得以欣赏和了解不同的宗教，不同的阶级出身，以及不同的世界观。我的女儿们也早已看出，尽管我们彼此不同，但是我们之间的凝聚力足以大过离心力。另外，正因为我们懂得不同的出身无碍于我们存在诸多的共同点，也懂得我们身上有很多值得相互学习的东西，所以我们才更容易保持开明的思想，始终相信三人行必有我师的道理。事实上，我们之间的差异越大，我们就越有可能学到东西。

向那些不同于我的人们学习也是我在各种工作中享受到的最大乐趣之一，哪怕有时候找到共同点并非易事。我在“交易地图”[①] 的共同创始人和我出身悬殊，观念迥异，而且我们两个人都是第一次经营一家创业公司，所以那段经历可以说是压力重重。我们之间最大的分歧在于不同的决策风格。他早年就职于微软，那里的决策架构是自上而下式的，层级观念要鲜明得多，但我却

① 交易地图（The Dealmap）是一个汇聚了团购优惠信息的网站，创建于 2010 年，2016 年被谷歌收购。——译者注

习惯于一种更为集思广益式的决策模式。他实际上想要我直接决定各种事情，而我则想要确保自己在做出一个最终决定之前，先听听团队其他领导者的想法。我们第一年有大部分的时间都在解决合作方式的问题，有时候由于争论过于激烈，我们不得不到外面或是到车里继续讨论，以免影响团队士气。但是数月之后，我们开始欣赏彼此，开始互相学习，因此变得更加强大。在我们的共同努力下，“交易地图”得以被打造成为一家成功的企业，那种成功非任何一个人单打独斗所能企及，我们的领导效率都得到了提高，而且我们的亲密友情一直延续到了今天。

如今我们的世界看上去比以往任何时候都要分裂，此时此刻，找到观点和经历各不相同的人也就比以往任何时候都重要。当你希望鼓舞别人的时候，要记住一点，单打独斗是无法成事的，或者至少可以说，单打独斗的结果一定比不上群策群力。

寻求建议

2013 年，团队的两位杰出女性——莎拉 · 瑞安和米歇尔 · 梅伦德斯与另外几个人协力创立了“助人圆梦女性计划”（Women Helping Others Achieve），该计划旨在通过员工领导、同事辅导的方式，对公司里所有层级的女性进行领导才能的培训和提供系统支持。尽管她们的出身截然不同，又在我们这家全球性公司里供职于不同的部门，但是两个人都觉得有必要帮助女性在职场中工作圆满，在职场外生活美满。于是，她们决定试着创立一个新的计划来解决这个问题。

在获得高管认同之后，米歇尔和莎拉认为，下一步的关键是鼓励公司各个部门的相关人员提供更多的思路。正如莎拉在一次采访中所说：“我们已经知道主管人员对此事的态度是大力支持，热情拥护。接下来就是得到更多的认同以及更多样化的思路。我们从每个区域、每个部门召集了女性同事，同时确保她们的个人经历也多种多样。我们知道，想法和经历的多样性是一个必要前提，可以确保这个计划提供的帮助和支持能惠及变革网的所有女性，而不是某间办公室或某个部门里的一小群女性。我们就这样迈出了第一步，而结果真的是振奋人心。每个人都有很多的奇思妙想。”而那些奇思妙想后来有不少成了这个计划的关键组成部分。

米歇尔和莎拉看出了她们组织内部的问题，而且无论对她们自己，还是对其他人来说，这都是一个必须解决的问题。尽管算不上万事俱备，但她们迈出了飞跃性的第一步，还吸引了其他人共同推动理念的发展。通过征求建议，她们不但让这个计划变得更加强大，而且提升了自己作为领导者的能力，并给团队其他成员也提供了成长的机遇。此举还有一个额外的好处，那就是让参与者越发深刻地感觉到自己与这个计划息息相关，与米歇尔和莎拉这两位领导者息息相关。这种方法的成效相当显著。三年之后，“助人圆梦女性计划”得到了蓬勃发展，几乎每位女性都参与其中，此时它已经不仅仅是一个合作辅导计划，还增设了一个演讲系列、一个分享经验的聊天室等诸多内容。

向他人征求建议既是促进成长和学习的高明战略，同时也能有效地改善人们对你作为领导者的印象，包括胜任岗位的能力和受人喜爱的程度。哈佛商学院的艾利森·伍德·布鲁克斯和弗朗西斯卡·吉诺经过多番实验得出的一项研究成果表明，当人们征求建议的时候，他们在征求对象的心目中就会显得更加聪明，更加可爱，这主要是因为人们都喜欢被征求建议——这让他们反过来觉得自己也是聪明的、被人欣赏的。[8] 针对不同人士的实验都证明了这一结论在多种场合的正确性，从求职面试到业绩考核，甚至是速配活动！乐于征求建议不仅有助于你和你的团队成长，还有可能让人们将你视作一位更强大的领导者。

想象地平线

就像你要为自己的运动设定一个长期愿景一样，帮助你的团队创立一个长期愿景也是持续激励他们和鼓励他们成长的一条途径。

我对自己的团队采用的是一种名为“地平线对话”（the Horizon Conversation）的技巧，它是我从前任人力资源主管大卫·汉拉汉那里改编而来的。与我们在第三章里谈到的“变革理论”类似，这种方法也是从你想要实现的结果开始，然后通过反推的方式找到通往那里的路径。

“地平线对话”包括三部分。

第一部分是根据你这一生迄今为止扮演过的角色，对你已经学到的技能进行评估。首先要做的一步就是回顾你的人生，然后总结出“这些就是我的全部经历”，接下来再提炼出你认为自己在扮演每一个角色期间学到的最宝贵的几样东西。这些东西加起来就构成了你当前的全部技能。

第二部分是思考你想要设定一个什么样的目标：“从现在算起，我希望自己5年或10年后在做什么？”这个目标需要你大胆设想，不要局限于那些显而易见的选项，也不必与你目前在做的事情保持一致。我和许多人一起做过这个活动，听到的目标可以说是五花八门，比如创业，从政，成为一名作家或是一名艺术家，或成为一位首席执行官，或发起一项运动，等等。人类的梦想是没有界限的。我从来不会对人们的目标进行限制，因为那正是我们练习的重点：展望广阔的地平线，梦想各种可能性。一旦你将自己的梦想勾勒出来，就可以用一份清单将你想要扮演的角色所需的全部技能罗列出来。假如你没有把握，还可以找一位了解特定角色的人来帮忙，跟你一起将扮演好那个角色所需的技能列成清单。

第三部分是观察你现在掌握的技能和你到达理想之地所需的技能之间存在哪些缺口，借此了解你还需要什么条件才能到达那个地方。接下来，你就可以思考在这个地方和那个地方之间你可以扮演哪些特定角色，承担哪些特定项目，进而确保你走在通往地平线——你想去的地方——的道路上。

提出貌似不可实现的宏大目标看似疯狂，但事实是，实现宏大目标的最佳途径就在于明确那些目标究竟是什么以及怎样才能奋力实现那些目标。就如你为自己的整个运动设定的愿景一样，真正实现一个目标的唯一途径就是明确你想要什么并且全力以赴得到它。同样的道理也适用于你的团队。假如你希望团队成员能够真正成长起来并实现远大梦想，那么就有必要帮助他们将那些梦想勾勒出来，然后再一步一个脚印地走向那里。

你可以利用为数不多的“奋力 10 划”

激励团队和个人既是一门艺术，也是一门科学。关键是要知道，在鼓舞人们心甘情愿地倾尽全力和逼得他们筋疲力尽之间，存在着一条极细的界限。赛艇界有一种名为“奋力 10 划”（Power 10s）的说法，指的是一条赛艇上的划手使用极限力量完成 10 下划桨动作。他们本来的划桨速度已经处于高强度的状态，而这 10 下划桨动作把强度进一步提升，其目的通常是为了在一场比赛接近尾声时超过前面的赛艇。

至于何时下达“奋力 10 划”的命令以及在某场比赛中要下达多少次这样的命令，则是由舵手来决定的。掌舵多年以后，我发现在一场比赛中，一个团队通常只能完成两三次“奋力 10 划”。次数太多会让团队太过疲倦，进而导致“奋力 10 划”失去效用；次数太少，就可能会有另一支团队凭借他们的“奋力 10 划”赶上你们。

“奋力 10 划”的概念也适用于其他形式的团队领导。古语有云，“人生是一场马拉松，而不是一场冲刺”，这句话太过深入人心，以至于人们常常忽略了一点，那就是完成几次冲刺将会提高我们实现目标的可能性。只要我们一心一意地将整个团队团结在一个愿景周围，全心全意地确保团队成员感受到足够的挑战，那么几次恰到好处的“奋力10划”就能够创造出奇迹。设定一个需要一次通宵达旦的最后期限，齐心协力说服一个特别固执的决策者，或者为了攻克一个技术难关而集思广益，这些都是有助于凝聚团队力量的“奋力10划”。关键在于平时慎用这一冲刺技巧，然后在需要的时候真正做到全力以赴。有选择性地利用“奋力10划”将有助于确保团队既感觉自己在经受挑战的洗礼，又不至于让自己感觉太过勉强。

话题三：培养人际关系

继有意义的目标和一条清晰的成长道路之后，第三个需要关注的决胜区域是在你自己和你的团队之间，以及所有的团队成员之间，建立起坚实的信任关系。有人对谷歌的高效团队开展过一项为期两年的调查研究，数据显示，一个团队业绩突出的首要因素就是心理安全：团队成员在承担风险的时候有安全感吗？彼此间会互相伤害吗？[9] 在这部分内容里，我们将介绍一些技巧和实例，说明领导者怎样才能在团队成员之间建立起信任，进而形成有助于团队全力以赴的心理安全。

善于交际

妈妈的言传身教让我学到了勇气和决心，而通过同样的方式，我从爸爸那里学到了有关建立人际关系的种种技巧。我的父亲终日沉浸在与人打交道的乐趣中，他喜欢了解他们，了解他们的家庭、他们的兴趣，还有他们的出身，然后他会把这些统统记在脑子里。他会记住人们告诉他的一切，让人们觉得自己是被理解和被欣赏的，如此一来，这些人际关系就会逐渐得到深化。（正是凭借着自己惊人的记忆力，他才总是能在“打破砂锅问到底”游戏中胜出，因为他对每首歌的歌词都了如指掌。）由于几十年如一日地坚持这种做法，所以现在他与自己人生各个阶段接触到的人以及全世界很多地方的人都建立了深厚关系。

另外，他还是一个很会讲故事的人。这种讲故事的天赋再加上对于各人独特之处的惊人记忆力，使我的爸爸能够把人们像纱线一样全部编织在一起，在彼此素不相识的新人之间建立起联系，而这些人最后往往都会成为特别好的朋友。在这些技能的助力下，他得以通过一张大得惊人又精心架构的关系网，在职业生涯中获得更多的成就。与此同时，这些关系还（或许这一点更为重要）让他收获了一生的快乐。

当你打算与自己的团队建立联系的时候，这些宝贵的技能都可以派上用场。要想与某个人展开一段真诚可信的关系，第一步要做的就是了解他们是谁以及他们在乎什么。只有当你从一开始接触别人的时候，就抱有开放的心态并了解他们的诚意，才更有可能建立起持久的关系，从而将你和你的团队更加紧密地联系在一起。

社群的力量

在脸书任职期间，我每天都能看到那些个人如何围绕着多种多样的话题将拥有共同身份和目标的一群人组建成一个热情洋溢的社群，这些话题涉及育儿、同病相怜、宗教、种族、政治、职业，以及形形色色的共同兴趣，包括玩鸟、玩摩托车、科技模因[①]、音乐爱好等。有时候，这些社群的成长是经年累月式的，新的成员都是从其他成员或朋友那里逐渐了解到相关社群之后才加入进来；还有些时候，这些社群是在一夕之间就出现了爆炸式的成长，比如詹妮弗·卡登纳斯以飓风“哈维”为主题创建的社群，又比如在自然灾害发生后为了帮助受灾群众而创建的其他社群。

所有成功的社群都有一个共同之处，那就是都有一个或一小组群管理员在社群里扮演“主持人”的角色。他们会在有人加入社群的时候表示欢迎，会设定基调和文化，会在不当行为发生的时候予以监督和清除，还会为社群增添新的内容和理念，尤其是在早期的时候。Flickr（雅虎旗下的图片分享网站）的创始人卡特里纳·费科曾经告诉过我，发起一个社群就像主持一个鸡尾酒会。每当有人到场的时候，你都需要接过他们的外套，为他们提供饮品，向一些人介绍他们，总之就是让他们感觉到舒适自在（并在

① 模因（memes）是指在同一个文化氛围中，人与人之间传播的思想、行为或者风格。——译者注

别人羞辱他们的时候介入协调）。只要这种早期的主持工作完成得好，那么接下来这个社群就会开始自己兴旺起来，因为此时会有许许多多的成员像最初的创建者那样采取类似的行动，比如增添内容、欢迎新人、设定基调。而且一旦加入的人数多了起来，这些社群就会真正进入蓬勃发展期。

尽管有些社群的创立初衷是调动群众的积极性，例如以灾害救援为主题的社群或者那些为了达到特定目标而设立的社群，比如“清理迈阿密海滩”或是伦敦的“拯救我们的黑色出租车，但是还有些社群的形成却是为了给拥有共同兴趣、挑战或理念的人们提供一个交流沟通的安全空间。值得一提的是，就算是那些原来没有打算驱动变革的社群，一旦有此意愿并下定决心，就会产生调动其成员积极性的力量。能够让自己的成员产生安全感和归属感的社群无异于一件神奇的法宝，可以为一项运动建立起支持者的队伍，哪怕你不确定这项运动在起步之初应该采取哪些行动也没关系。社群本身往往就能够发挥建言献策的作用，共同产出一个行动计划。所以说，无论你已经有了一个清晰的愿景、目标和计划，还是你虽然目标清晰，但还没确定采取哪些步骤，都可以通过将拥有共同目标的人组建成一个实体社群或者在线社群来获取力量，为今后的变革奠定一个坚实的基础。

赢得尊重

赛艇运动之所以经常在商业领域被用作喻体，励志海报之所以经常描绘赛艇运动的画面（还有我之所以这么多次借用赛艇运动的比喻），都是出于一个原因，即这些画面体现了团队合作的本质：一群动作整齐划一的人在齐心协力、各尽其能地争取胜利。在担任舵手期间，我学到了很多有关如何促成团队合作的宝贵经验。

其中首要的一条经验就是必须赢得队员们的尊重。舵手需要在全体队员已经十分辛苦甚至是痛苦的时候，激励他们突破自己心目中的极限。另外，舵手还需要当着同伴们的面，对个别划手给出即时性的、建设性的反馈意见，否则就有可能输掉比赛（这个道理充分证明了实时反馈的重要性）。所有这一切都要求你拥有团队的信任和尊重，而且这种信任和尊重并不会因为你有一支麦克风就自动产生。

为了赢得团队的尊重并与队员建立信任关系，我需要证明自己也愿意付出努力，愿意和他们并肩战斗，同甘共苦。我们在艇下所做的每一次练习，几乎都有我陪着他们完成。在沙丘上苦练的每一轮爬坡速跑，在体育场完成的每一组爬梯训练，还有在伊萨卡的冰天雪地中的每一次练跑，我都陪在我的队员身边。另外，每当她们提出反馈意见，告诉我怎样才能成为一名更有助益的舵手时，我都会洗耳恭听。我在艇下努力赢得她们的尊重，与她们建立信任关系，然后当我们到了艇上的时候，她们就会相信我能把她们的最大利益放在心上，相信我能理解她们的感觉，相信我能给她们提出合理的反馈意见。

这一原则时至今日仍是真理。每当我要求我的团队加班加点、努力达成一个重要的目标或是准时交付一样产品的时候，我都会确保自己与他们同在，或是在办公室里，或是在线上，表明我们休戚与共。另外，每当他们提出反馈意见，告诉我怎样才能提高效率的时候，我都会以开放的心态悉数听取。当你要求人们加入你的团队、支持你的运动时——无论是为了推出一种新的产品，还是为了通过一条新的法令——不管你的事业是什么，只要你想鼓舞他人，就必须确保你自己也投入其中，像你寻求帮助的对象一样付出努力，甚至是付出更多的努力。

示弱 = 力量

我们经常把刚强定义为激发运动活力最必不可少的特征之一。但实际上，当人们公开示弱的时候，往往能够触发声势浩大的运动，这种方法尤其适用于巩固领导者及其团队的关系。假如我说，将你最孤独的斗争公之于众能够产生更有力的影响，并有助于聚集起一批支持者，你或许会认为有违直觉，但这却是我在变革网工作期间最意外的收获之一，也是我在运动发起者的身上反复看到的现象。这个理念得到了休斯敦大学的教授、畅销书作家布勒内·布朗和其他专家的支持。[10] 示弱不但会让我们更加勇敢地以全新的方式应对这个世界，还会让其他人产生帮助我们达成目标的意愿。

正如我们所见，许多让人记忆最为深刻的运动都有一个感人肺腑的故事作为核心。而在我看来，下面这个故事就是对这一经验之谈的精辟体现。约翰·费尔并不是一位社会活动家，而是来自纽约长岛的一位木工，同时也是一位爆破专家。作为“9·11”事件中的救援人员，他在9月17日那天，被现场的一块钢板砸烂了左脚。事后他曾两次向“9·11救济基金”（the September 11th Relief Fund）申请赔偿，却均遭拒绝——哪怕他的伤势已经被认定为“危及生命的和灾难性的”，也无济于事。而他之所以不符合获助资格，是因为他受伤的时间是在“9·11”事件发生96个小时之后。

这次经历让约翰意识到自己的脆弱，其他受伤的“9·11”救援人员也是如此。“9月17日我受伤的那一刻，我觉得自己经历了人生中最糟糕的一天。当时我还不太知道，那有可能是我人生中最重要的一天。”他对我说，“我受的伤简直可以用触目惊心、惨不忍睹来形容。可是现在我知道了，跟那些病危或者已经过世的人相比，我这点儿伤实在算不了什么。每一天，每一周，都有人死于跟‘9·11’相关的疾病，其中既有穿制服的公职人员，也有不穿制服的非公职人员，既有男性，也有女性，跟他们比起来，我是那么的渺小，那么的微不足道。”

在过去的15年里，约翰一直在孜孜不倦地为那些因在“归零地”[①] 参与清理工作而严重受伤或罹患重病的救援人员的医疗保险四处奔走。他成功地实现了对《沃尔什法案》的修正，从而为“9·11”救援人员争取到了1.25亿美元的医疗费用。2005年，他

① 归零地（the Ground Zero）原意为导弹目标或核装置爆炸点，“9·11”事件发生后则成了世贸中心遗址的代称。——译者注

创立了“费尔慈善基金会”（the FealGood Foundation），进一步为医疗相关问题和基层变革提供助力。2015年，他在互联网上发起了一项请愿，让国会永久性地扩充了《扎德罗加法》（Zadroga Act）所覆盖的医疗保险范围。《扎德罗加法》以詹姆斯·扎德罗加的名字命名，他是纽约市警察局的一名警官，因为在“归零地”从事救援和恢复工作而患病死亡。[11]

至于承认自己的脆弱究竟是一种什么样的感觉，以及这种感觉为何能够让他更加乐于助人，约翰是这样描述的：“我必须明白自己既不是博·杰克逊①，也不是约翰·韦恩②，我必须明白自己只是一个人。如果你在心里认定自己是世界上最伟大的运动员，就只有在吃尽苦头之后，才能意识到自己其实是会犯错的，是会受伤的，是会残疾的，是会流血的。”

另外，承认自己的脆弱也让约翰能够更加高效地以运动领导者的身份为“9·11”救援人员争取医疗保险。当约翰承认自己需要帮助的时候，其他人就感觉他们也可以承认自己需要帮助。而当他们纷纷将自己的故事讲述出来之后，就有更多的人愿意联合起来支持他们。正如约翰对我说的那样：“我成了人们口中那个乐于助人的家伙。每当有人要去参加工伤赔偿听证会或是社会保

① 博·杰克逊（Bo Jackson），1962年11月30日出生于美国，曾是美国棒球和橄榄球运动员，1990年在美国职业橄榄球大联盟（NFL）赛场受伤导致其棒球职业生涯受到严重影响。——译者注

② 约翰·韦恩（John Wayne），1907年5月26日出生于美国，是以演西部片著称的好莱坞明星，中年后长期为健康问题所困扰，患有肺癌和胃癌，1979年6月11日去世。——译者注

障听证会的时候，我都会和他们一起参会。我们必须把自己的故事讲述出来，将许多旧伤公之于众。”结果证明，他们讲述自己的故事的意愿真的发挥了作用，《扎德罗加法》的最初版本和扩充版本先后获得通过都要归功于此。尽管约翰迈出第一步的时候不太像一个会成功的倡议者，但他最终还是融入了这个角色。“我身体有缺陷，只有一只脚。我膝盖不好，腰背也不好。我有创伤后应激障碍。我只有一个肾。既然一个身心皆有缺陷的人都能够做到让国会停下脚步，那么可以想象，一个智商更高并且身体健全的人能够做到什么。无论是‘9·11’社群内部的人，还是‘9·11’社群外部的人，都能在我的眼睛里看到熊熊燃烧的激情，看到我的决心。我要让人们明白，当我们讨论人类生命的时候，以草率的拒绝作为回答是不会被人接受的。”

约翰·费尔不但接受了自己这一生中最具挑战性的时刻，还将它转化成了一场为他人辩护和争取权益的斗争。他对自己取得的成就表现出了异常谦虚的态度。他的事迹无比清楚地证明了一个事实，那就是当你愿意将自己的脆弱坦然示人的时候，就无异于掌握了一件威力最强大的法宝，可以让人们对你和你的事业产生息息相关的感觉。

人人有本难念的经

在鼓舞团队的过程中，有一个不可或缺的步骤，那就是必须让他们知道，你不仅关心自己致力于实现的愿景，还关心与你共同努力的人。而表现你的关心就意味着要证明你对他们的理解——理解他们无论怎样投身于你主导的运动，在运动之外，他们还有自己的生活、家庭和义务。

2015 年，我在伦敦发表了一番演说，主题是我们的工作和生活如何相互交织，密不可分，以及这种现象未来将会如何改变我们的工作。为了阐释自己的观点，我事先设计了一系列的问题，打算到时候让那些遭遇过其中任何一种情况的观众站起来，借此说明工作和生活之间存在着多么千丝万缕的联系。按照我的设想，等我问到第四、第五个问题的时候，大多数观众应该都会站起来，然后我的观点就会变得不言自明。

我先问了观众们这个问题："你们中有多少人曾经在工作的时候接到过电话通知，称你或者某个亲密的家人遭遇了严重的健康问题？"

几乎所有的观众都站了起来。

就连我自己都大吃一惊。

那是一个激动人心又震撼人心的时刻。大家环顾四周后才发觉，原来我们之间的共同点居然比自己以为的还要多，原来我们都有脆弱的一面。每个人都被唤起了回忆，脑海中开始涌现过去的那些时刻，大家好像突然之间明白了人与人之间为什么应该多一些同理心：你永远都不会知道，在你看来再平常不过的日子里，别人正经历着什么。

《人人有本难念的经》是我最喜欢的著作之一，其作者是

《早安美国》的联合主持人罗宾·罗伯茨。这本书是她的自传，特别记录了她先后战胜乳腺癌和一种罕见血癌并存活下来的经历，字里行间都在传递这种谦卑的观点和理念。正如她在导言中写到的："在我的家乡密西西比州，人们都明白一个道理，那就是困难面前人人平等。我的母亲过去经常说的一句话就是'人人有本难念的经'。"[12] 她在美国国家公共广播电台的《星期日版周末》（*Weekend Edition Sunday*）节目上说道："2007 年，当我不幸被诊断为乳腺癌的时候，我觉得那个时刻简直就是——哇哦。你知道的，我不敢相信自己要经历这一切。这种事为什么会发生在我的身上呢？而我的母亲则亲切地——我的意思是，亲切而又温柔地说，宝贝，人人有本难念的经。这句话真的让我终生难忘……跟其他人比起来，我这本难念的经其实并没有更大、更多、更重要。"[13]

与我们共事的人随时都有可能面临重大的挑战，牢记这一点能够让我们成为更具同情心的领导者，也能够帮我们赢得团队的信任。假如在我们建立的团队中，人人都能轻松自在地分享工作之外的生活状况，那么他们就会产生被全方位支持的感觉，于是就更有可能为所在的公司或事业全身心地投入。在我的团队里，有人经历过父亲、母亲或配偶的死亡，有人离过婚，有人染上过毒瘾，有人的孩子患有精神疾病并存在自杀风险，总之是各种巨大的生活挑战，不胜枚举。而在这种情况下，只要我们能让他们明白，我们会陪伴他们度过那些时刻，渡过一切难关，就能真正搭建起一条牢不可破的纽带。

……

这个道理也让我感同身受，因为我在工作中同样经历过那种不敢想象的时刻，当时幸亏有周围人的支持，我才渡过了难关。坦白说，写到本书的这部分内容时，我的内心是忐忑不安的。我亲身体验到“人人有本难念的经”时，只觉得那是我有生以来最糟糕的一天，而将它写下来，无异于将那么多难以承受的情绪重新经历一遍，所以我一直避之唯恐不及。但是现在我想通了，承认我们所有人都经历过这样的时刻是有重要意义的。每个人都一样，当事情发生的时候，我们都不确定自己是否能够挺过来，然而最后我们还是挺过来了。我也知道，有太多人经历过比这更糟糕的事情，而只要将我的故事分享出来能够对任何人有所帮助，我就有这样做的必要。

这个故事始于一个美丽的春日，当时我正和雅虎的团队在圣克鲁兹山的一家葡萄酒酿造厂组织团建会议。傍晚时分，我接到丈夫打来的一个电话，说我们的女儿艾玛在操场上发生了意外：有一个孩子跑过来的时候没看到她，结果将她撞倒在地，她摔得很重，后脑勺撞在了水泥地上。

事故发生后，学校并没有叫救护车。因为他们知道，莱恩用不了多久就会赶到，所以干脆等在那里。当他到学校接艾玛的时候，老师们说她一直哭个不停，一定不太对劲儿。而莱恩在那里看过她的伤势后，也觉得情况不妙。他打电话告诉我，他要带艾玛去看急诊。当他让艾玛跟我通话的时候，我听得到她的呻吟声，而且她对我的问题也没有丝毫回应。于是，我也意识到情况真的不妙。我记得当时自己胃里一阵翻江倒海——几分钟后，莱恩又告诉我，当他们赶到急诊室的时候，那里的医生立刻拨打了911，如今他和艾玛正在一辆开往急救中心的救护车上，于是我那种翻江倒海的感觉就变得更加剧烈了。

艾玛当时只有7岁，还在上一年级。

我几乎无法呼吸了。

身在山区一家葡萄酒酿造厂的我和他们之间隔了一个小时的车程。然而那一刻，再没有什么比这更重要的了，我只想不顾一切地赶到医院。由于我们都是搭车来参加活动的，所以我自己并没有开车，幸好团队里有一位名叫波莉安·斯特里克兰的女同事慷慨相助，不但陪我下了山，还将我一直载到了急救中心。我对她充满了感激之情。

当我赶到急救中心，冲进去找艾玛的时候，首先映入眼帘的是莱恩的脸，看上去是那么苍白，几乎到了发青的程度。艾玛正在一台CAT扫描仪里，医生正在对她的脑部进行检查，我走进去的时候，她正好癫痫发作，整个身体都在不由自主地剧烈颤抖。站在旁边的莱恩和我变得惊慌失措，对我们的宝贝女儿完全爱莫能助。医疗团队急忙把艾玛推出CAT扫描仪，送进一间外科手术室，并对我们说，他们需要给她插管，让她进入诱导性昏迷状态，同时对她进行监测，看看是否需要在她的头骨上钻孔，将因为颅内肿块和潜在出血而形成的压力释放出来。我整个人都要崩溃了，几乎站都站不住，他们只好给我拿了一把椅子过来。我的感觉糟糕透顶，既为艾玛可能遭受的一切感到恐慌，也为自己不能在这种时候更坚强一些感到生气。

接下来就是等待的日子了，在此期间，我们在重症监护病房对她寸步不离，时刻担心有可能会失去她。当肿块消退后，医生们终于可以让她从昏迷中苏醒过来了。这让我们如释重负。接下来又是一系列新的问题和担忧，因为我们不知道这次事故是否会造成永久性的脑损伤。

她还要在重症监护病房里待一个星期，在此期间，我一直坐在她的床边，亲眼看着她重新恢复各种能力，每一次的场景我都记忆犹新，这让我越来越相信她会好起来，于是也越来越放松。虽然她又跟学校请了几个星期的假，并且又做了几个月的抗癫痫药物治疗，但是谢天谢地，她最后完全康复了，回学校的时候刚好来得及在一年级音乐剧《公主和企鹅》里扮演主角。我想，我从来没有像那天观看她表演节目时那样快乐过。

尽管那段经历绝对是我这一生中最糟糕的日子，但也让我学会了异常敏锐和透彻地看待此后人生的每一个时刻，因为至今我仍清晰地记得那种感觉——当你的整个世界瞬间发生变故的时候，你才能意识到那些重要的东西究竟有多么宝贵。

回想那段日子还让我意识到，我们其实比自己以为的更加坚强，而那些经历也让我明白，我们四周的堡垒——安全感——随时都有可能崩塌。重要的是趁着它们还在的时候，好好地珍惜它们。正因如此，我才会在每一次离家的时候，都对全家人说我爱他们。我也会尽情享受我们这一路上拥有的每一段快乐时光，无论它们有多么短暂。这些时光让我看到了两件事的重要性：一是花时间陪伴家人和朋友，并且感恩我们生活中拥有的美好事物；二是过上有意义的生活和从事有意义的工作。

作为一个领导者，同情心是我们能够掌握的最宝贵的技能之一。无论你的事业是什么，若想在领导者的位置上赢得信任，就必须能够设身处地地为他人着想，能够试着从他人的角度去理解这个世界，或者至少能够更多地聆听和认识那种视角。

做最好的设想

同情心是一项必不可少的领导技能。这句话说起来容易，但要在实践中做到持之以恒却是难上加难。相对来说，我更擅长在工作中表现出同情心，但将其贯彻到生活的方方面面就没那么容易了，尤其是在开车的时候。虽然说出来有些难为情，但我不得不承认，假如有人不给信号就转弯，或是等到绿灯亮了很久之后才开动车子，我就会像很多人那样生气地小声抱怨。当变革网的创始人兼首席执行官本·拉特雷跟我同乘一辆车的时候，他就会提醒我哪怕自己再郁闷，也要有颗同情心。他说，“万一是那个人刚从医院回来，得知自己心爱的人时日无多呢？”或者“万一是他们刚刚发现自己丢了工作呢？”虽然我知道他是在用夸张的方法来强调自己的观点，但事实上，他说到了点子上。这样就能很好地提醒你：你永远不会知道别人的生活境况。

我们有一条与此等效的黄金法则——“做最好的设想”。该法则旨在提醒我们不要忘记，我们不可能做到完全了解别人的意图。有许多研究成果都描述过社会心理学家们所说的“基本归因错误”（Fundamental Attribution Error），即人们常常将他人的负面行为归因于与生俱来的本质，比如“他们是什么人”，却不愿意将情境变量纳入考虑范畴。[14] 不足为奇的是，我们在解释自己的行为时，往往会反其道而行之。诚然，我们是应该弄清楚某人的行动会对我们产生怎样的影响，但是若能以同情心为出发点，不在未经事先询问的情况下就对某人的意图妄加揣测，则会大有助益。

假如我们对周围的人拥有一颗同情心，对他们的意图“做最好的设想”，那么我们就能够建立起更加坚实的长期关系，在减少冲突的同时，取得更好的结果。据我所知，也有人将这个概念称为“最礼貌的解释”，而布勒内·布朗则将其称为“大度的假设”，指的是你能够针对某人的意图、言辞或行动所做出的最大度的解释。[15]

除此以外，“做最好的设想”或是用“大度的假设”还能让我们自己也轻松一点儿。2017 年初，我的朋友凯特·甘布尔·迪克曼的弟弟斯科蒂去世了，之后，她写了一篇十分优美的博文，为我平生所罕见。[16] 那篇文章写到了悲伤的心情，写到了她的弟弟，写到了家人和朋友的支持，字字动人，句句感人。在我最喜欢的那部分内容里，她讲到了这样一件事：纪念斯科蒂生平的葬礼结束之后，她回到了酒店，这才意识到她每一次和人拥抱的时候，都会露出斯潘克思[①]塑身衣。她是这样写的："庆祝仪式结束后，我回到了酒店房间，累得浑身无力。突然之间，我意识到自己每次抬起胳膊和人拥抱的时候，我的衣服都会滑上去，让他们看到我的斯潘克思。这让我哈哈大笑起来。要知道，我整个晚上都在和人拥抱。我还会一下子拥抱两个人。于是我可爱的、柔软的、有弹性的小肚子就这么暴露在众目睽睽之下。我为此感到非常高兴。当我的双眼满含热泪的时候，我的斯潘克思却露在了外面。没有遮遮掩掩，没有严防死守，没有装腔作势。我的斯潘克思之所以会堂而皇之地亮相，是因为在那样一个场合，我们会产生安全感，会被各种爱包围，会沉浸在当下。因为我们都在纪念斯科蒂的 40 年生平。"

我们人人都穿着一身"斯潘克思"，在实际意义上或是在象征意义上掩盖我们的恐惧和不安。假如我们拥有爱的能力，可以对彼此做最好的设想，那么就算我们的"斯潘克思"露了出来，这个世界也会显得更美好。

为你的工作注入生活的气息

如果你从一开始就做出了这样的假设，即当我们事先和团队成员建立起更为坚实的关系时，就会打造出更为强大的团队，那么你就可以运用我从社会活动组织者那里学到的几种技巧，在更

① 斯潘克思（Spanx）是美国知名内衣品牌，其塑身衣产品备受好莱坞明星和产后妈妈的追捧。——译者注

为传统的工作环境中建立起更为坚实的人际关系。在社会活动组织领域，常常可以发现，人们都是从相互了解和建立深厚、相互信任的关系开始，这样有助于培养同舟共济的集体意识。如今这种现象开始出现在越来越多的组织内部，从学校到企业，不一而足。虽然有时候，其具体做法在更为传统的组织的人们看来，可能显得“煽情”或者过火，但是在整合了其中许多做法之后，我敢说，哪怕是疑心最重的工程师和商人，也能被我们征服。下面这些都是我认为行之有效的练习范例：

人生轨迹：把人们分成几个小组，让每个人叙述自己人生中的 3~5 个关键时刻或者关键事件，正是因为这些关键点的影响，才让他们成了今天的自己。这种方法的神奇之处在于能够打破人与人之间的隔阂，加深彼此的了解。这些对话仅在小组成员之间进行，对外需要严格保密，最后就会建立起巨大的信任。我听说过的故事包括遭遇种族歧视，心爱之人去世，回忆励志导师，不寻常的工作机遇，不胜枚举。事实证明，这种方法可以极大地深化团队成员之间的关系。

讲故事：在练习过“人生轨迹”的基础上，可以鼓励大家当着更多人的面讲述一个有关自己的人生故事。记得在一次公司聚会上，大家组织了一场讲故事的篝火晚会，结果成了最让我们难忘的一个环节。当时有 10 位员工自告奋勇，根据自己的人生经历，当着全公司的面讲述了一个他们事先彩排过的故事，没想到收效甚佳。那天晚上听到的故事时而戳中我们的笑点，时而戳中我们的泪点，同时也让我们真心觉得那些愿意慷慨分享自身故事的人勇气可嘉。正是因为他们愿意袒露自己的心声，才让所有人更加愿意对彼此敞开心扉。

赞赏：根据我的所见所闻，要在一组人内部建立信任，最有效的技巧之一就是赞赏。当一个项目或是一次外地团建会议结束的时候，我们会要求组员说出彼此身上让自己赞赏的地方。我们会围绕圆圈，给每个人几分钟的时间接受别人的赞赏。其余人则可以附和着说出他们为什么赞赏那个人，并且最好用具体实例来说明。虽然全体组员都不是必须发言，但是据我观察，通常情况是想要发言的人太多，而时间却不够用。可别误会我的意思：被人当众赞赏是一件让人很难为情的事。我们大多数人都不曾有过这样的经历，也不太适应这样的场合。但与此同时，它也是一件让人极为感动的事。正是由于在生活中，我们很少花时间告诉别人我们为什么赞赏和钦佩他们，所以当我们这么做的时候，结果才会出乎意料。

这种类型的活动可以在同事之间建立起更加深厚和更有意义的关系，进而帮助你们提高合作效率。我注意到，它尤其有助于冲突的化解。两个人之间的基础关系越坚实，这些冲突就越容易化解，甚至完全避免。而且就像我们之前谈到的，增加对同事的了解有助于人们“做最好的设想”。事实上，我团队里的许多人都会告诉你，当他们因为与某个同事发生问题而来找我的时候，我给出的建议会是：“先去喝杯啤酒”（或者是喝杯茶，反正就是类似的意思）。如果你能先从了解某个人开始，那么接下来的一切都会变得简单得多。

在我遇见的人里面，的确有人对这些技巧能否在他们的组织里发挥作用抱有怀疑的态度。他们常常会对我说，他们相信这些都是很好的理念，也看得出它们能在一家以社会变革为事业的公司里发挥效用，但假如换一个地方的话，它们就会统统失灵。我强烈反对这种说法。既然我们能够让工程师和会计师都对这些活动表示赞赏，那么它们就一定能够在任何一个地方发挥效用。只要是可以在人与人之间加深了解的方法，就会增加团队价值，与团队类型无关，不管是大学，还是传统企业，抑或是运动队，无一例外。毕竟在那件防护性的“斯潘克思”下面，我们都只是人类而已。

为团队做一次牺牲

这最后一条建立信任的途径，在我从事赛艇运动之后就一直陪伴我左右。（是的，我保证这是最后一次提到赛艇运动了。）假如你在“城市词典”（Urban Dictionary）里读到过“舵手”一词的解释，你就会知道，“在赢得一场比赛的胜利之后，舵手会被扔到（通常是很脏的）水里”。从字面意思上看，它说的是——“（通常是很脏的）水里”。[17]

而很不幸的是，事实的确如此。

就像美式橄榄球运动员在“超级碗”（Super Bowl）比赛结束

之后，纷纷把佳得乐扔到他们的教练身上一样，划手们也会在胜利之后，把他们的舵手扔到水里。我可以很自豪地说，我曾经被扔进美国东海岸和西海岸很多很脏的湖泊和河流中。

在这种体现了极致信任的行动中，划手们看不到自己要去向何方，他们相信舵手会指引他们，鼓励他们，敦促他们成为更优秀的个人和团队。而为了回报这种信任和他们艰苦卓绝的工作，他们会要求舵手"为团队做一次牺牲"。把舵手扔到水里恰恰提供了一个庆祝胜利和释放情绪的出口。

这个道理适用于所有的领导者，无人例外。有时候，建立信任和忠诚的最佳途径就是为了团队的利益而让你自己成为一个笑柄或是出一次糗。我有很多次大开绿灯，允许我的团队以牺牲我的方式庆祝和取乐。我做过各种各样的事情，包括在公司的一部音乐剧（没错，是公司的音乐剧）中扮演尖声尖气的邪恶女巫，还曾经让团队投票表决我应该穿哪套万圣节服装（有一年穿的是紫色独角兽造型的连体衣，还有一年穿成了巨型汉堡包），诸如此类。我们都被做过这些事情的领导者鼓舞过士气，不是吗？我亲眼见过杰出的领导者装扮成贾斯汀·汀布莱克的样子，或是把他们公司的标志文在自己身上。已经有越来越多的研究表明，幽默会刺激催产素的释放，这是一种与社会关系息息相关的激素，所以能够在工作中有效地增加人际信任和建立人际关系。[18] 事实上，已经有一些商学院开设了幽默课程，比如斯坦福大学教授詹妮弗·艾克和纳奥米·巴多纳斯的"幽默：严肃的事情"（Humor: Serious Business）。[19]

所以当你思考应该怎样与你团队的成员建立信任并获得其支持的时候，不如让他们时不时地把你往“湖里”扔一次。

在推动你的运动前进的过程中，让你的团队有效合作是十分关键的一个步骤。而且随着你的运动持续发展，你将有可能面对任何成功的运动最后都会遭遇的一项最艰巨的挑战：批评。知道如何应对无法避免的反对的声音，甚至化害为利，将能够让你卓有成效地保持运动的生机与活力。

有效应对来自外界的批评

我们可以通过正面思维掌握主动，改变自己大脑里正面信息和负面信息的比例，减少我们对批评做出或战或逃反应的次数。有一种方法可以帮助我们做到这一点，那就是时刻提醒自己必须怀有一颗感恩的心。

不要理睬网络喷子，你不是愚蠢的是非精。

——史考特·斯特拉顿

批评是一种常态

无论你是在尝试创建一家生意兴隆的公司，编写一部新的法案，还是在你所处的组织机构或者社群内部推出一个新的计划，你都有面对批评的那一天，特别是在你以失败告终的时候。只要你尝试改变什么，就必须把批评作为计划的一部分。提出批评的人可能是不赞成你尝试实现的目标，也可能是赞成你的目标，却不赞成你的做法。有些时候，人们可能只是想打击你一下。而那些想要帮助你做出改进的人所提出的合理建议，也属于批评的范畴。还有些人的反馈意见尽管让人感觉很不舒服，但其实是一种馈赠，而这正是我们接下来要在这一章里展开讨论的内容。无论如何，只要你想发起一项运动，就必须做好面对各种批评的准备，既包括有所助益的那种，也包括没什么助益的那种。用亚马逊创始人兼首席执行官杰夫·贝佐斯的话说就是："假如你一点儿批评都容忍不了，那就不要做任何新奇有趣的事情。"[1]

在领导变革的道路上，你有可能面临两种截然不同的批评：一种是真正有建设性的反馈意见，它有可能帮助你做出改进；另一种是“仇恨者”的评论，它的目的纯粹是为了让你心情低落，常被人们称作“喷子行为”（trolling）。这两种批评都是我们要应对的。需要注意的是，有时候就连“有所助益”的反馈意见也不一定是以友善的方式表达出来。举个例子来说，在我所接触的人里，有一些经常以媒体形象出现在公众眼中，他们会尽量将有关“他们在做什么”的反馈意见和有关“他们是什么人”的反馈意见区别开来。对于那些有关他们在做什么或者说什么的反馈意见，他们会悉数听取，哪怕是通过喷子行为表现出来的那些也不例外，因为它们或许代表了一种可供选择的合理意见。但与此同时，对于那些有关他们的外表、出身和任何与他们的主旨无关的反馈意见，他们则会置之不理。

在我们进一步针对仇恨者和真正有建设性的反馈意见分别展开有关应对之策的讨论之前，请牢记一点——你要对批评做何反应，完全在你自己的掌控之中。研究表明，当我们接收到负面的反馈意见时，杏仁体就会触发一种或战或逃反应，让我们感觉自己受到了威胁。[2] 而事实上，我们对少量负面信息的反应甚至比对大量正面信息的反应更加强烈，这种现象被称为“负面偏好”（negativity bias）。然而，就算我们的大脑倾向于对批评做出同样的反应——感觉自己受到了威胁——我们也不必一味地坐以待毙，被杏仁体牵着鼻子走。已经有研究表明，我们可以通过正面思维掌握主动，改变自己大脑里正面信息和负面信息的比例，减少我们对批评做出或战或逃反应的次数。有一种方法可以帮助我们做到这一点，那就是时刻提醒自己必须怀有一颗感恩的心。当《纽约时报》作家托尼·施瓦茨这么做的时候，发现效果居然好得出奇："仅仅过了几分钟，我不但感觉好了很多，而且集中精力完成手头任务的能力也大大提高了。这个概念说来十分简单——我们如何构筑自己的内在现实即我们对世界的体验，要在很大程度上取决于我们的关注点在哪里。我们常常能够自觉地、有意地做出选择，只不过我们很少认识到这一点而已。这种做法不但能够影响我们的感觉，还能够影响我们的表现——既包括个人表现，也包括集体表现。事实证明，培养快乐、满足、兴趣、自豪和爱之类的正面情绪是大有助益的。"[3]

想一想你的支持者

有一种方法可以战胜仇恨者，不被其恶语中伤，那就是在我们的周围充分积累正能量，从而让我们接收到的负面反应相形见绌——也就是战胜我们自己的负面偏好。我接触到的几乎每一位请愿发起者都对我说，每当社交媒体上的负面评论让他们精神萎靡或是感到手足无措的时候，只要读一读请愿签名者写下的支持性评论，他们就会受到鼓舞，继续投入战斗。在艰难的日子里，只要记住在他们的身后或者周围，有一支大部队正在那里支持他们的请愿，就会让一切大大改观——那些好人不但为请愿签上了自己的名字，甚至还将他们自己的故事分享出来，讲述他们签名的原因。这些评论所产生的正能量足够胜过他们接收到的任何恶言恶语所产生的负能量。所以说，小行动的的确确也很重要，这个例子就是最好的证明。

来自加拿大渥太华的默纳·福斯特是一位作家兼历史学家，她成功领导了一场全国性的运动，呼吁在加拿大的货币上加入一位女性角色。对她来说，这场运动不只是让女性出现在钞票上那么简单，而是更多地代表了一种象征意义，即通过在一定程度上确保女性形象和男性形象地位平等，从而确保女性对社会的贡献被人们所认可。默纳的运动为期很长，从 2013 年一直持续到了 2016 年，并且遭受了一些非常尖锐的批评。默纳告诉我："事实上，我并没有料到人们居然会发那种不堪入目的文字。"她说人们不但会在社交媒体上批评她，还会直接通过她网站上的联系人电子邮箱指责她。"我真的没有那么坚强，这一切几乎超出了我的承受能力。就仿佛他们在对我个人进行人身攻击一样。而且这种人身攻击还会出现在电台的电话参与节目中。那是我最深恶痛绝的事情。男性们通常会说一些不堪入耳的话，比如'只有袒胸露乳的女性，才能被放在钞票上'。"再不然就是发一些不堪入目的人体部位图片。最后我再也不看评论文章了，因为那些内容实在太过伤人。我转而专门看那些支持性的信息。"

默纳的运动经历多次起起落落，在此期间，她发现每当看到那些请愿签名者留下的评论，她都会实实在在地受到鼓舞。事实上，那些"声音"就像一个虚拟的互助小组一样，在她最需要的时候发挥应有的作用。她甚至把它们打印出来，随身携带。“在这整个过程中，最值得庆幸的事情就是人们能够把他们签名的原因公布出来，”她对我说，“突然之间，你就不再是孤身一人了。他们会说‘我们需要这些榜样’，会说‘不只是我的小女儿需要在钞票上看到女性，其实我的儿子也一样’，或是诸如此类的话。正是因为有了这个互助小组，有了成千上万的人在为请愿签名，在出言鼓励，所以后来每当我心情沮丧的时候，都可以在浏览这些签名的过程中，重拾继续走下去的力量。”

好在默纳坚持了她的战斗，哪怕步履维艰，哪怕面临讨厌的人身攻击和刻薄的指责批评，她也不曾退缩。2016 年，加拿大财政部部长比尔·莫尔诺宣布，2018 年，维奥拉·德斯蒙德将成为除了英国女王以外，第一位出现在加拿大钞票上的女性。维奥拉·德斯蒙德是一位来自新斯科舍省的黑人女性，也是一位商人，1946 年，她因为拒绝离开一家电影院的白人专属区域而被判有罪、入狱和罚款，结果在加拿大引起了民权运动，并使她成了一位家喻户晓的人物。莫尔诺以决策者的身份在互联网上做出回应时是这样说的：“当维奥拉在我们总价值 100 亿美元的货币上占据一席之地的时候，她会提醒我们所有人以及子孙后代牢记一件事情，那就是大变革可以始于彰显尊严和勇气的小时刻。”

在我写书的过程中，最惊喜的收获莫过于此——为这些请愿写下的每一条支持性评论对发起者来说都具有非凡的意义。假如我们每个人都认识到自己的一言一语有多么重要，那么一定会愿意多花点儿精力，多写一些好话和多说一些好话，难道不是吗？

所以说，从现在起就建立一支部队吧。即使你还没有一项请愿可以让你的部队为之签名，也要找到你身后的那些支持者，给他们提供一条加入你部队的途径。你还可以使用其他类型的技巧，或是群聊，或是线上群组，或是创建一支需要线下集合的团队——假如你涉足的是地方性问题的话。你的部队不必赞同你的每一个举动，有些支持者还可能提出让你更上一层楼的建议和意见，但是无论如何，都要找到信任你和你的事业的人。让你周围的正能量多过负能量，这样你就能够振作起来，哪怕是最冷酷无情的喷子，也无法将你打倒。

仇恨者只会仇恨

尽管大多数尝试变革的人都会预见到一些批评和负面的反馈意见，但并不是每个人都能预料到前方道路上有可能出现海啸般的“仇恨之水”。然而在当今世界，互联网和社交媒体的存在使得信息拥有了闪电般的传播速度，任何一个人要进入公众视野，都应该准备好面对这一现实——真正的反馈意见和喷子行为都是整个过程固有的一部分。

来自新泽西州加菲尔德的麦肯纳·波普在他只有 13 岁的时候，就发起了一项请愿，要求全球最大的玩具公司之一“孩之宝”（Hasbro）生产中性颜色的“易烘焙烤箱”，从而做到在向女孩儿推销该款产品的同时，也对男孩儿一视同仁。麦肯纳的弟弟加文虽然热爱烹饪，却羞于使用他在圣诞节收到的玩具烤箱，因为那东西看上去好像只适合女孩儿。受此启发，麦肯纳发布了一段视频，又发起了一项请愿，想要说服该公司在做电视广告的时候，不再把女孩儿作为唯一的推销对象，而在选择产品颜色的时候，也不再受到刻板印象的影响。她在 TED 大会上演讲时是这样说的："'孩之宝'专门向女孩儿推销产品……他们在包装盒上或者广告里只突出女孩儿的特点，而且烤箱全身遍布花朵的图案，颜色也是亮粉色和亮紫色，这两种颜色的性别特点非常鲜明，都是专门为女性而设，对不对？所以说，它在某种程度上传递了一个信息，那就是只有女孩儿才应该烹饪，男孩儿不应该烹饪。[4] 这让我的弟弟十分沮丧。他认为自己不应该拥有成为厨师的理想，因为那是女孩儿才会做的事情。女孩儿烹饪，男孩儿不烹饪，'孩之宝'传递的大概就是这样的信息。"

麦肯纳的行动发挥了作用。在她的请愿得到超过 4.5 万个签名之后，"孩之宝"邀请她前往位于罗德岛波塔基特的公司总部，让她目睹了新的生产线——设计是中性风格的，颜色也改成了黑色、银色和蓝色。按照她的说法，这次参观"绝对是我人生中最美妙的时刻之一，就像《欢乐糖果屋》（*Willy Wonka and the Chocolate Factory*）中的情节一样。好神奇的事情"。[5] 但是正当她为自己小概率的成功心满意足的时候，一件意想不到的事情发生了。她也开始收到许多恶意的评论。麦肯纳说："在网络上，有时候甚至在现实生活中，都会有人对我和我的家人出言不逊，他们说这整件事简直就是在浪费时间，我听了之后真的十分沮丧。"

为了应对网上的负能量，麦肯纳做了两件事。首先，她在TED大会上的演讲中把仇恨者公之于众，从而将控制权掌握在了自己的手里。她把自己在推特上收到的刻薄言论读了出来，以此证明她有力量处理这种关系。“@Liquidsore29说，那些放任自由的妈妈简直令人作呕，居然让她们的儿子往同性恋的方向发展；@Whiteboy77AGS说，人们总要没事儿找事儿，发发牢骚；Jeffrey Gutierrez说，我的天啊，闭嘴吧。你不过就是想要钱，想要关注度而已。”

接下来，她又学着放下这一切。没用多久，麦肯纳就意识到，批评只不过是实施变革的一个组成部分而已，她没必要为此停下脚步，而是应该继续为她信仰的事业而战斗。她一遍遍默念着“仇恨者只会仇恨”这句话，从中获得坚持下去的力量。她甚至让TED大会的观众们跟着她一起念。她对他们说：“让你们的仇恨者尽管去仇恨，而你们尽管去实施你们的变革，因为我知道你们有这个能力。你们有能力肩负起你们的信仰，将其转化为一项事业，并让其形成变革。而且……你们也有能力将自己内心拥有的星星之火转化为一场熊熊烈火。”

正如麦肯纳发现的那样，你有能力做出这样的选择——控制你对仇恨者的态度，不给他们战胜你的力量。很多人都认为爱莲娜·罗斯福说过这样一句名言，“没有人能够在不经你同意的情况下，让你感觉低人一等”，用在这里再恰当不过了。

然而，假如喷子行为演变成了反复骚扰或是涉及人身暴力威胁，那么你就应该举报这些人，以确保你的人身安全。别忘了，几乎所有的科技平台都具备让你屏蔽、拉黑和举报别人的功能，只要你认为有此必要，就应该充分利用它们。

证明你的批评者是错的

作为一位资深的技术高管，卡拉·戈尔丁在离开“美国在线”（AOL）的时候，知道自己接下来想找的是一份将会创造变革的工作。“我觉得自己好像需要做一件有意义的事情。”她对我说。当时她设想的是在非营利领域开创一番事业。但是接下来发生的事情——创立饮料公司“欣特水”[①]，同时也在饮料行业开创了一个全新的品类（调味水饮）——就连她自己都感到意外。“哪怕再过 100 万年，我也绝对想不到自己接下来要做的居然是这样一件事情。”

就像许多创业者一样，卡拉的商业理念也是在她尝试解决自身问题的过程中产生的。她的情况是这样的，在生下第三个孩子之后，无论她如何锻炼，如何健康饮食，好像都无法减掉增加的体重。于是，卡拉一边琢磨自己的下一个职业角色，一边分析自己吃下和喝下的每一样东西。由于不确定自己究竟是激素分泌失

① 欣特水（Hint Water）形成于 2005 年，当时卡拉·戈尔丁不喜欢自己的孩子饮用含有糖和防腐剂的果汁，于是在家自制饮品并在自己的车库出售，她怀孕期间被诊断为妊娠糖尿病也是促使她研发无糖饮品的一个原因。欣特水不含防腐剂、甜味剂等人工成分，又有多种水果口味可以挑选，所以在美国备受追捧，特别是谷歌、脸书、推特、雅虎、领英等科技巨头公司。——译者注

调，还是表现出了糖尿病前期的症状，卡拉决定先进一步节制饮食，然后再求助于药物治疗。就在这个时候，她留意到一件之前从未发觉的事情：她喝了不计其数的健怡可口可乐，却从未充分了解其成分和人工甜味剂对人体的影响。当她仔细看过之后，就下定决心彻底告别健怡可口可乐，开始饮用白水。“真的就是这么简单。”虽然只是一个简单的转变，却是一个重要的转变，因为它的效果非常显著。在接下来的两个星期里，她减掉了 20 多磅；6 个月后，又有大约 50 磅消失不见。

但是喝了一年的白水之后，卡拉开始渴望喝到一种更能引起她兴趣的饮料，就像她在家里自制的那种里面有切片水果的水。“对我来说，关键的问题在于想方设法喝入更多的水，而且我发觉对我而言，以及对我接触到的许多人而言，喝水这件事由于太过枯燥乏味，所以真的难以做到。于是有一天，我走进了全食超市，对那里的一个工作人员说，‘是这样的，我想找到一款只用一点点水果调味的水。你能帮我在货架上找到这样的产品吗？’他告诉我说，这种‘很棒的产品’名叫‘维生素水’，可当时它的含糖量或许比一听可口可乐还要高。跟他又聊了几句之后，我越来越觉得，其实大多数人都没意识到自己喝下的饮料里面究竟有多少糖分，又有多少人工甜味剂，也不知道那些成分对他们的健康会产生怎样的不利影响。最后，我对全食超市的那个家伙说，‘我应该干脆自己去研发一款这样的产品’。他带着一丝笑意对我说，‘好啊，女士，太棒了。我相信你一定会去研发这种产品的’。于是我对他说，‘假如我真的去研发这种产品，你觉得我都需要做什么？’他回答道，‘嗯，要知道，你需要有个保质期，还需要有个产品名称。然后当你研发出来的时候，通知我一下’。”

他就这样笑着打发了她。在他看来，这种想法十分滑稽，就算有可能成功，也一定是小概率事件。

她一定要证明他是错的。

其实那个时机并不理想——她仍在面试几个技术岗位，并且刚刚发现自己怀上了第四个孩子——不过她还是对丈夫说了自己想要做的事情。起初，她的丈夫对涉足一个他们此前一无所知的全新品类有些拿不定主意，但尽管如此，他还是帮助她为产品面市做了准备工作。“打算用大约 6 个月的时间真正从头到尾生产一样产品，实乃疯狂之举。”她说，“而且我还耽搁了几周，就在计划剖宫产术的前一天，我终于拿到了产品。”卡拉在剖宫产术的当天早上，和丈夫亲自把第一批共计 10 箱产品送到了他们家附近的全食超市。

尽管她不确定全食超市是否真的把产品上架了，但是第二天她就在病房里接到了一个电话：第一批产品全部售罄。“他说我们必须尽快送货过去，因为假如我们没有更多的产品填补空缺的话，货架上就不会再有我们的位置了。”尽管全食超市曾经抱着怀疑的态度，但是卡拉真的成功做出了一款能够在那里销售的产品。

卡拉面临的障碍有很多，比如她需要找到一种方法，让不含防腐剂的欣特水耐储存，又比如她需要说服商店，为不适合现有分类的一款产品另辟空间。除此以外，她面临的批评也很多。有那么一段低谷期，她甚至考虑将自己的公司卖给一家业内领先的大型饮料公司，因为在她看来，对方应该能够凭借其专业性，比自己更好地带动公司向前发展。于是在一次和那家公司的一位资深高管通话时，她透露了这个想法，而他的回答是："亲爱的，美国人就是嗜甜，所以我不想要你的公司，它永远不会成长为一家大型公司。"

他居然称呼自己为"亲爱的"，这让卡拉感到极为别扭，但是一旦克服了这股别扭劲儿，她就立刻从他的怀疑态度中看到了巨大的机遇，对自己如是，对欣特水亦如是。卡拉意识到，两家公司存在绝对的差异性，所以她有必要在自己的这条路上坚持下去，否则像欣特水这样的产品就会不复存在。当人们说她错了的时候，她却从中看到了机遇。就像她对我说的那样："我在不断挑战各种主观猜想，主要是因为人们无法真正解答我的问题。"卡拉发现，人们普遍愿意聆听有经验人士的高谈阔论，并且想当然地认为那些人一定是对的，只因为他们一直在一家大型的实力强大的公司工作，或是拥有多年的丰富经验，但是一般来说，那些人往往不像局外人一样能够创造性地思考事物的可能性。

就这样，卡拉又证明了另一种怀疑论调的错误性。12 年后，欣特水已经成长为一家价值 1 亿美元的公司，并且还在继续成长，它在饮料的基础上，又向新的品类延伸，从而形成了一场有关健康的运动。当卡拉面临某种癌前皮肤病变的时候，她发觉自己的防晒霜中含有的羟苯甲酮和对羟苯甲酸酯会使其恶化。于是，她决定推出一款不含对羟苯甲酸酯的防晒霜，并采用她们用于欣特水的水果精华来赋予防晒霜香气。尽管饮料行业的许多人都认为欣特水要推出一款防晒霜实乃疯狂之举，但是卡拉相信，由于欣特水的顾客对这个品牌及其发起的运动倾注了极大的热情，所以一定会购买饮料以外的产品。事实果真如此。欣特水开始推出防晒霜的时候，过去 12 个月里曾经在线购买过欣特水的所有消费者中，有 60% 也购买了防晒霜。卡拉再一次证明了她的批评者是错的。

对反对者因势利导

应对批评者的另一个办法是看看你是否真的能够将他们的专业意见用作建议。玛丽 · 卢 · 杰普森是我们这个时代最聪明的技术人才之一，她的职业生涯包括多个角色，从麻省理工学院媒体实验室的教授，到 Google X 和脸书旗下“欧酷来”（Oculus）的团队负责人。她以能够创造看似不可能的事物而闻名，例如她和她的团队为“每个孩子都有一台笔记本电脑”（OLPC）项目开发的 100 美元太阳能笔记本电脑。所以说，当她还是个孩子的时候，她的父母居然不允许她像她的兄弟一样有求知欲，也不允许她像她的兄弟一样享有自由，实在是太具讽刺意味。“我的兄弟们可以做各种我不能做的事情。而且就算我长到和他们一样的年纪，也还是不可以做那些事情。这让我深恶痛绝。他们可以在外面待到很晚，他们可以去旅行，他们可以有全套的电子工具。虽然现在我已经是世界上顶尖的电子工程师之一，但还是不让我触碰那些工具套装，”她对我说，“我认为这样十分不公平。不过，我最后学了电子工程专业，然后又在几年前获得了‘世界硬件技术奖’（World Technology Hardware Award）。说来也是好笑，从小到大，我都不被允许触碰那套电子工具，但是我偏要反其道而行之。”有时候，将你最深层的雄心壮志激发出来的人，恰恰就是那些说你不能的人。虽然玛丽·卢或许一直得不到许可，无法触碰她兄弟们的电子工具套装，但是早年的那些限制显然没能阻止她的脚步——她获得过的荣誉无数，其中包括入选《时代》杂志的“时代百人榜”以及美国有线电视新闻网（CNN）“十大思想家”名单。

随着玛丽·卢在生活和事业的道路上越走越远，她逐渐明白，有一个方法可以最大限度地对那些不相信你的人因势利导，那就是主动向最有可能在你的想法或理念中发现错误的人征求批评性的反馈意见。当她开发 OLPC 项目的时候，她对我说过，尽管世界各地对这种产品（一种价格低、能耗低、在阳光下可读的笔记本电脑）有大量的需求，但仍有许多人坚决不相信这种产品能生产出来。“由于我需要一些帮助，所以就去见了一些亚洲大型科技公司的负责人，至今我还记得与亚洲一家超大型公司的主席会面的场景。当时我作为 OLPC 的唯一代表，走进宽敞的会议室，而桌子的另一面却足足有 10 个人——那位主席坐在中间，左右两边各坐着几位执行副总裁。他们从一开始就在嘲笑我。想想那种场景吧，我一个白人女性，和那么多亚洲男性坐在一起，从一开始就面对他们的嘲笑，他们对我说，‘哈哈哈，这事儿肯定行不通’。”

但是玛丽·卢并没有屈服于他们的傲慢，而是做了一个惊人之举：她随机应变，化害为利，将反对者的负能量当场转变成了自己的优势。“我记得自己一边拿出一个笔记本，一边说，‘好吧，请告诉我为什么这事儿行不通’。于是他们就开始各种吐槽，用一个半小时的时间，给出了这事儿行不通的 23 个不同理由。我只是一五一十地记着笔记，特别像一个尽职尽责的女记事员。最后，他们心满意足地收住了话头，于是我说，‘好了，我们这里一共提到了 23 个问题。其中有 17 个我已经解决了。另外 6 个新的问题确实提得很好。你们这几位不愧是这方面的行家里手。作为全球最大的消费电子产品制造商之一，你们确实不同凡响。多谢指教。现在我有一个想法，能不能让我把这些问题带回去和团队一起研究一下，几个月后有了答案再回来找你们，看看你们是否能在我们的计划中发现其他的问题’。”

玛丽·卢的的确确就是这么做的。那些科技公司继续不断地和她会面，而每一次会面期间，她都能从对方的顶尖人才那里获得有益的想法或理念，其中有关于笔记本电脑设计的，有关于消费电子产品的，还有关于软件设计的。“他们能够在我们投入金钱和时间建模之前，就在自己的脑海里对问题进行调试。”她对我说。那些曾经说她不能实现目标的人最后恰恰成了真正帮助她达到目标的人。通过听取他们的言论，将一群专业人士的意见为己所用，她能够以快得多的速度预见到问题所在并找到相应的解决方案，而如果当初没有向他们寻求帮助，她是不可能做到这一切的。

试试“熊抱”

诺兰·钱布利斯发明了“熊抱”（Bear Hug）一词来表示一种解决冲突的途径。它的意思是，哪怕是在遭遇袭击的时候，只要你对袭击者报以超乎寻常的爱和理解，就有可能比采取防御手段更高效地解决问题。

“故事会”（StoryCorps）收录的一部优秀作品可以作为熊抱的经典范例，它是由美国国家公共广播电台的《拉丁裔美国人》（*Latino USA*）节目在 2008 年率先播出的。[6] 一个名叫胡里奥·迪亚斯的年轻人，讲述了他在回家的路上被一个少年持刀抢劫的故事。当时他不仅按照少年的要求交出了自己的钱包，还提供了一些对方没有要求的东西。“嘿，等一等，”胡里奥在少年拔腿就跑之前叫住了他，“你忘了一件事儿。假如今晚你还要再抢别人的话，或许应该把我的外套也拿去，作为御寒之用。”最后，两个人居然去了胡里奥最喜欢的餐馆，边吃边聊，共进晚餐，正是在那里，少年亲眼看到胡里奥对来到他们桌边打招呼的每一个人都表现出了友善的样子，从经理到洗碗工，再到服务生，无一例外，于是意识到自己也能够换一种方式对待生活。他不但把钱包还给了胡里奥，还交出了他的刀子来回报那顿晚餐和那些钱，回报让他始料未及的那种善举——对这个年轻人来说，这样的人生经历实在弥足珍贵。

……

几年以前，就在我入职不久，西班牙有位计算机专家攻击了我们的网站，他利用一种特殊的技术给网上的一项请愿滥刷签名并且截图下来，再发到推特上，而我们的删除速度根本赶不上他的发图速度。虽然我们具备捕获和删除伪造签名的功能，但是有些操作需要几分钟，还有些操作则需要多达 24 个小时。这让当时的我们陷入了一场危机之中，特别是在西班牙，密切关注此事进展的当地媒体比比皆是。

我们就当时能够采取的各种举措展开了激烈的讨论，其中包括从我们的技术团队抽调大量人员，以技术手段“针尖对麦芒”，设法阻止攻击者的行为。而后来成为公关部副总裁的本杰明·乔菲–沃尔特却建议我们尝试一下“熊抱”。在当时的情况下，对我们的攻击者给予爱和理解就意味着要由本杰明乘第一班飞机前往西班牙，亲自面见那个滥发信息的人。我们许多人都认为此举有悖直觉，而我记得自己当时的想法是：这种做法真的是不走寻常路，估计在其他科技公司也不太可能发生。但不管怎么说，似乎还是值得一试。

那个滥发信息的人住在西班牙的一座小岛上，于是本杰明亲自前往，打算去听听他要说些什么，并且当面聆听他的顾虑。结果发现，他之所以内心不爽，是因为他认为人们可以轻而易举地给网上的请愿滥刷签名，所以担心当时在西班牙声势浩大的某个请愿有可能存在非正当签名。他要设法证明这种可能性，于是就造成了此次事故的发生。当本杰明向他讲解过我们的系统之后（将防伪技术向滥发信息者全盘托出肯定不是上策，所以我们的讲解要恰到好处），他终于明白，尽管单个出现的伪造签名需要长达24小时才能被删除，但是任何蜂拥而至的伪造签名都能被立即捕获。不过更重要的是，我们尝试与他对话，特别是亲自与他会面的做法让他感觉到自己有人聆听，被人尊重。接下来的事情大家都知道了，我们拍下了本杰明和那个家伙在西班牙一间酒吧里勾肩搭背、共饮啤酒的照片，而垃圾信息的攻击也就此停止。这一轮较量以“熊抱”1分、垃圾信息0分的结果收场。

……

虽然设法理解那些攻击你的人并非易事，却往往是让你的事业更加稳固的最佳途径。当你对批评者侧耳细听的时候，就会找到欣然接受他们的理由，就连对你最不屑一顾、与你的观点分歧最大的那些人也不例外。为此，你必须走出他们的行为给你造成的痛苦，并设法想象他们背后的动机。有没有可能他们也在为什么事情而挣扎呢？没有人生来就是仇恨者和网络喷子，一定是有某些人生经历造成了他们的愤怒、痛苦或者畏惧，进而导致他们如此仇恨别人。而假如我们能够尽力了解那种仇恨背后的原因，或许就有可能将其化解。正如纳尔逊·曼德拉所说："没有人先天就会因为另一个人的肤色、出身或者宗教信仰而报以仇恨。人们必须经过后天的学习才能懂得仇恨。而既然他们能够学会仇恨，就一定也能够教他们学会爱，因为人性本善，爱是比恨更为自然的天性。"[7] 你能够以爱对待仇恨者吗——对向你表达仇恨的人表达爱？

我听说过很多事例，都可以说明应该怎样以同情心和好奇心，而不是以愤怒和畏惧对待一个仇恨者，其中最让人震惊的一个事例同时也是发生概率最低的一个事例，伊莱·萨斯洛在为《华盛顿邮报》撰写的一篇文章里讲述了这个故事。故事的起因是在萨拉索塔的新佛罗里达学院里，学生们发现了 21 岁的转校来的学生德里克·布莱克的真实身份。那个留着红色长发，戴着一顶牛仔帽的"怪人"，原来不仅是一个和他们一起在宿舍里看电影的历史系学生，还是一个公开宣称白人至上的种族主义者，是唐·布莱克的儿子。唐·布莱克创建了互联网上的第一个白人种族主义网站"风暴前沿"①。如今德里克业已开始创建"风暴前沿"的年轻人专用版，而曾任三 K 党帝国巫师② 的大卫·杜克则是他的教父。

当有关德里克政治信仰的消息通过一个在线论坛传遍校园的

---

① 风暴前沿（Stormfront）是白人种族主义者、白人至上主义者和新纳粹的网络论坛。——译者注

② 三 K 党（Ku Klux Klan）是美国历史最悠久、最庞大的种族主义组织。Ku-Klux 源于希腊文 KuKloo，意为集会，Klan 意为种族。帝国巫师（Imperial Wizard）是三 K 党的最高领导人。——译者注

时候，相关信息立刻引发了1000多条评论，其中包括这样一篇帖文："德里克·布莱克：白人至上主义者，电台节目主持人……新佛罗里达学院学生？？？我们这个社会群体应该如何回应？"可想而知，有许多回应的言辞相当尖锐："他选择成为一个代表种族主义者的公众人物，我们选择当众称他为一个种族主义者。"但与此同时，也有越来越多的人感觉谴责和揭发在这种情况下于事无补："或许他在尝试摆脱一种非他选择的人生。"除此以外，似乎还有别的论调在产生影响——有人认识到了深入了解的必要性。"排挤德里克毫无意义。"一个学生写道。而另一个学生则评论道："这是一个机会，我们可以借此成为真正的行动主义者，对美国白人至上主义者的一位领导人产生切实的影响。这不是夸大其词。我们将会迎来民权运动的一次胜利。"

就是在那个时候，新佛罗里达学院唯一的一位犹太教正统派学生马修·史蒂文森做了一件非比寻常的事情：他邀请德里克·布莱克到他的公寓里共进安息日晚餐，那是由他发起的每个星期五晚上都会举办的传统活动，来参加的朋友几乎都不是犹太人。据《华盛顿邮报》报道：

> 马修认定，影响德里克思维方式的最佳机会不是无视他，也不是对抗他，而是简单地容纳他就好。[8]"或许他以前从来没有和一个犹太人相处过。"由于那是德里克来到这个校园之后收到的唯一一份社交邀请，所以他表示同意前往。那种安息日聚餐活动有时候会来8位或10位学生，但是这一

次，却只有很少的人出席。“让我们试着像对待别人一样对待他。”马修记得自己当时这样提示其余的人。德里克带着一瓶红酒来了。出于对马修的尊重，没有人提及白人种族主义，也没有人提及论坛的内容。德里克表现得安静而礼貌，而且接下来又参加了下一周的活动、下下一周的活动，直到几个月后，没有人再感觉到威胁，安息日活动的参加人数也就恢复到了最初的规模。

在最近的一次采访中，德里克是这样对我说的，安息日晚餐就相当于为人们保留了一个安全空间，在那里，从来不会有人谈及白人种族主义，也是在那里，德里克得以与背景不同和观点各异的人建立信任关系。最后，那些值得信任的新朋友终于能够在其他场合就德里克的信仰提出疑问了，也正因如此，德里克才在学生论坛上起草了一篇文章作为回应，从中可见，他以前持有的许多观点都有所缓和。根据《华盛顿邮报》的报道，德里克说：“我已经注意到，由于有关我的种种传言，导致在这里的人可能感到恐惧、威胁，缺少安全感，这些担忧完全没有必要，所以我想试着当众将其化解。我不支持仅仅因为一个人的种族、信条、宗教信仰、性别、社会经济地位或是任何类似的东西就对他或她进行压迫的言行。”这篇文章的内容被泄露给了他父亲仇恨的焦点目标之一——南方贫困法律中心（Southern Poverty Law Center），从而成为种族主义思想最不可思议的一次公开反转的开端。随着德里克继续在学生论坛上说明自己逐渐改变的观点，可以明显看出他的内心深处也在经历着一场变革。

事实上，到了2016年的秋天，当唐纳德·特朗普当选为美国总统的时候，德里克这场万人瞩目的思想转型也宣告完成，他为《纽约时报》特别撰写的一篇专栏文章就是证明，其标题是《我为什么脱离了白人种族主义》。他在文中写道：

> 几年前，我开始就读于一所文理学院，我的出现在校园里引起了巨大的争议。在那里，通过多次与形形色色、可亲可敬的同学交谈——他们的选择是邀请我进入他们的宿舍，加入他们的对话，而不是排挤我——我终于开始意识到自己过去对他人造成的伤害。从那以后，我就一直在尝试弥补……
>
> 对我而言，当初之所以会展开那样的对话——它们让我最终改变了自己的观点——是因为我想不通为什么每个人都怕我。我以为自己只是在做正确的事情，只是在捍卫我所爱的一切……
>
> 假如我没有改变的话，那么我就会在这次总统选举之后欢呼雀跃，而且会比以往任何时候更加确定，来自日益萎缩的白人多数派的焦虑，将导致更多的人参与到这种简单的故事中来。现在我已经确信，这不一定是我们的宿命。[9]

马修·史蒂文森和他的朋友们向全国最极端的仇恨者之一表达了他们的爱，通过这种方式真正转变了德里克的观点，或许还改变了历史的进程。让一个如此有影响力的人转变思想，所产生的涟漪效应远非转变一个普通人的观点所能及。如今我们正处于一个思想最多元化的是时代，其错综复杂程度自古未见，而我们又确实拥有一种力量，可以决定我们从此前往哪个方向。德里克告诉我，他的白人种族主义思想之所以发生改变，是因为有两个关键要素发挥了作用。第一是亲耳听到人们强烈地表达他们的价值观和谴责他的仇恨行为，确切地说，就是让他明白自己的仇恨行为给他们个人带来了怎样的痛苦。第二是有一群人愿意跟他交谈，听他说话，与他建立信任关系，而不是直接表达他们的愤怒——他们只会针对他的仇恨行为做出义愤填膺的反应，而不会针对他这个人。正如德里克所说，假如我们能够专注于“诚恳地聆听双方的心声”，那么我们每个人都能够创造真正的变革。

学会接收建设性的反馈意见

当出现仇恨者和网络喷子的时候，假如我们能够以开放的心态待之，就会发现我们收到的许多反馈意见其实都可以表现为建议的形式，它们让我们懂得怎样才能完善自己的想法或理念，进而在努力追求对我们来说有重大意义的事业时，能够获得更大的成功。事实上，向我们施加压力的人往往能够让我们变得更好。虽然不是所有的反馈意见都能得到我们的赞同，也不是所有的反馈意见都会以理想的方式表达出来，但是只要我们始终端正心态，就能够把这些反馈意见看作一种馈赠。

我在康奈尔商学院就读期间，曾经有幸见到畅销书作家兼领导力专家肯·布兰查德。从他那里，我学到了很多道理，其中有一条让我至今记忆犹新："就连世界上最优秀的运动员，也不能没有教练。"这句话可以说是一语中的，能够让我们懂得应该如何接收建设性的反馈意见。现在，每当有人对我提出批评或建议，告诉我另外一种可行方法的时候，我都会尝试接纳自己内心深处的史蒂夫·杨或乔·蒙塔纳，而不是为此怏怏不乐。（我在旧金山长大，所以我墙上贴的海报不是青少年崇拜的那些流行歌星，而是"49 人队"[①]的两位四分卫。）当我们想在某方面真正做到得心应手的时候，尤其是当我们想在某方面出类拔萃的时候，就必须承认别人的想法或理念有可能帮助我们进步。所谓教练，并不一定要比你更加优秀，而只需要拥有能够让你变得更加优秀的不同视角和全套经验。论投三分球，迈克尔·乔丹的教练不比他更加优秀；论发球，塞雷娜·威廉姆斯的教练不比她更加优秀；但是，他们都能够给出宝贵的反馈意见。

我在青少年时期的偶像史蒂夫·杨尚且需要有人就战略战术和形体动作为他提供建议，从各个方面将他塑造成为一名更加优秀的运动员。于我而言，若是想当然地认为听从别人的想法或理念不可能让我进步，那也太目空一切了。假如我们把建设性的反

① 49 人队（49ers）也被称作旧金山淘金者队（San Francisco 49ers），成立于 1946 年，1950 年加入美国职业橄榄球大联盟。史蒂夫·杨和乔·蒙塔纳都是 49 人队的四分卫。——译者注

馈意见当作负面批评而充耳不闻，那么无异于在拒绝让自己成长的机会。

我的意思并不是说接受建设性的反馈意见总是轻而易举，特别是当它们来势汹汹或是存在某种不确定性的时候。2016 年，我们经历了一段极富挑战性的时期，当时我们正在努力寻找一种有助于更快地实现可持续发展的营收模式，在降低外部投资需求的同时，保持我们迅速增加用户的能力，并不断提高我们在全球范围内的影响力。在转变商业模式和追求可持续发展的过程中，必不可少的一个步骤就是我们必须做出辞退一些团队成员的艰难决定，哪怕他们都是十分可敬的人。作为当时在任的公司总裁，我觉得我们之所以走到必须做出这些艰难抉择的境地，我有着不可推卸的责任。他们显然都是杰出的人才，有许多还是我亲自招进来的，如今却不得不将他们辞退，这让我的内心充满了内疚感，同时也知道这件事会带给他们怎样的挑战。尽管我心知肚明，要保持公司完成使命的能力并继续为数万用户服务，采取这些行动实为必要之举，但做起来真的是百般为难。

在开展各种自我批评的同时，我还必须思考值此关头，自己应该以怎样的领导面貌示人。我知道首先要做的一步就是负起责任，承认在这次殃及多名团队成员的困境中，自己扮演了怎样的角色。在我们应该如何处理这种情况的问题上，人们说法不一，反应各异。有些人只想快刀斩乱麻，重整旗鼓，继续为达到既定目标而努力奋斗。曾经供职于其他科技公司或创业公司的人大多对这样一个过程并不陌生，因为从某种程度上来说，这正是硅谷思维的核心——要想做大做强，就要敢于下注。有些时候，它们收效甚佳，会让你的企业出现阶跃式的变化；还有些时候，它们只是徒劳而已。在这种情况下，你就要“快速止错”（fail fast），再接再厉。然而，在我们的组织里还有些人，特别是那些来自社会活动组织领域的人，觉得重要的是先弄清楚有哪些原因导致我们到了这种不得不放弃宝贵团队成员的地步。他们希望审查和重新评估我们在公司里的工作方式、信息分享方式，以及决策方式，看看将来我们能否通过另辟蹊径来避免历史重演。

于我而言，这种深刻反省或者说集体反思是一种较为新鲜的体验。虽然在科技领域，我们的确有这样一个常被称作“复盘”（postmortem）的概念，就是当某种产品发生故障的时候，我们会回头分析原因所在以及我们能够做何改动，但这一次却涉及更深层次的内容。人们的建议是，我们组织里的每一个人都要提出自己的反馈意见和想法。这听上去实在有些吓人，更何况我心知肚明，在这样一个痛定思痛的时刻，人们很有可能会格外挑剔。但或许也正是在这样一个时刻，反馈意见才有可能最具价值。所以我就想，“是可为，孰不可为？”我没有屈服于自己的惶恐不安，而是打算接纳我内心深处的运动员，说一声：“好吧，或许我能在这件事上学到什么东西。”往坏了说，我知道这至少可以提供一个很好的机会，让人们能够表达自己感受到的沮丧、失望和其他情绪；而往好了说，在这个过程中还有可能产生一些意义非凡的想法或理念，从而让我成为一个更加优秀的领导者，让我们成为一个功能更加强大的组织。

组织内部有几个人同意负责引导整个过程的推进，即由他们以小组的形式，对全公司的每一个人进行采访，借此探寻他们对当前发生的一切有何疑问以及为何有此疑问，并了解他们希望我们采取怎样的工作方式。他们将自己的采访结果总结成一份报告，提交给我和公司领导层的其他成员。当然，有些内容的确不怎么入耳，但是与反馈意见相伴而来的，还有可以用于解决方案的想法或理念，而且都是相当有益的那种。结果发现，我们在许多方面不谋而合，而且他们还补充了一些能够让我们变得更加优秀的想法或理念，而这绝非我一人能为。

最后，他们列出了一份很棒的推荐解决方案清单，几乎每一条都具有可行性，而且大多数已经在执行之中。许多想法或理念还涉及公司全体员工能够做出贡献的方式，从而让每个人都觉得自己可以成为解决方案的一部分。经历过这样一个人人享有发言权的和谐过程，我们的公司变得比以前强大多了。事实上，尽管它实施之前看起来有点儿吓人，但是实施之后的结果却远远超出了我的预期，再一次证明了别人的想法或理念有可能比我自己的更胜一筹，毕竟我在一开始的时候对这个过程并没有持推荐态度。假如我当初干脆将反馈意见拒之门外，叫停所有讨论，那么我就永远都不可能绕过自己的盲点，我们的组织也会因此蒙受损失。

而世界上最优秀的那些运动员也会采取同样的方法。在 2017 年 6 月的 NBA（美国职业篮球联赛）总决赛上，史蒂芬·库里作为当代最杰出的篮球运动员之一，历经一番苦战，赢得了前两场比赛的胜利。赛后，有人问他赢得比赛的感受如何。他没有为2 : 0的大比分而欢欣雀跃，也没有为他的队友歌功颂德，而是回答道："我可以打得更好。"或许他真的可以打得更好（不过这句话放在他身上，的确可能引起争议）。这样的回答居然出自一位冠军之口，出自一位伟大的领导者之口，足可看出他是一个知道进步空间永远存在的人。所以说，无论你最喜欢的运动员是西蒙妮·拜尔斯、穆罕默德·阿里，还是乔·蒙塔纳，你都要接纳你内心深处的那位职业运动员，记住我们永远都有进步的可能，记住别人的反馈意见能够让我们更加强大，其效果绝非我们凭借一己之力所能及。

除了坚持，没有其他的捷径

你不会突然之间奇迹般地越过所有严峻的挑战，然后一劳永逸地天天沐浴在阳光之下。成功的关键在于坚持相信阳光明媚的日子一定多过阴云密布的日子，每天无论遇上什么样的天气，都要继续攀登。

我们所谓的“失败”，指的并不是跌倒，而是止步。

——玛丽·皮克福德

提前思考各种可能的障碍

我们之所以发起运动，是因为想要看到巨大的变革，而这很可能需要克服巨大的障碍。有一个方法有助于我们越过这些障碍，那就是记住它们随时都有出现的可能。我经常在发表演讲和做报告的时候使用这样一页幻灯片。在它的一侧有一张照片，内容是阳光明媚下的一座草木葱茏的高山，我用一条线指向山顶附近的一个“我”字。在它的另一侧还有一张照片，内容是风雨晦暝下的一座陡峭险峻的高山，我用一条线指向山脚下的另一个“我”字。

我就是通过这种方式向人们描述自己作为创业者的感受。其实任何一个团队或运动的领导者都跟我有同样的感受。你要么是在山顶享受着明媚的阳光和一份午餐便当，要么是在山雨欲来的山脚下，背着一个沉重行囊，同时还不确定自己是否能够登顶。这两种日子仿佛在不停地轮回。高峰和低谷始终处于不断变化的状态。你不会突然之间奇迹般地越过所有严峻的挑战，然后一劳永逸地天天沐浴在阳光之下，而只会在一个无休止的循环中，从阳光明媚，到阴云密布，再到阳光明媚，再到阴云密布。

阳光明媚的高山（照片提供：吉勒姆·韦勒特）

风雨交加的高山（照片提供：au-ears）

成功的关键在于坚持相信阳光明媚的日子一定多过阴云密布的日子，每天无论遇上什么样的天气，都要继续攀登。伟大的领导者不但在两种日子里都会不懈攀登，而且会鼓舞自己的团队与他们一起攀登。因为阴云密布的日子定会到来，我们理应对其有所预期，有所准备，并用各种资源将自己全副武装起来，以便顺利度过那些日子。不过，阴云密布的日子不会永远存在，阳光明媚的日子终会再来，到了那个时候，我们就应该心存感激。重要的是在阳光明媚的日子里也要继续攀登，而不能为了享用午餐便当而停留太长时间，否则就会有人从你身后，赶到你的前面。

我在“交易地图”担任领导的时候，遭遇过许多阴云密布的日子。我经常产生一种公司就要撑不下去的感觉，特别是在刚创业的那几年，我们有好几次不得不改变产品，甚至改变公司名称。再往后，特别是在我们终于找到合适的理念之后，好日子开始多了起来，每每此时，我们都会产生公司前景一片大好的感觉。我们就这样经历着来来回回，上上下下，高高低低。

“品趣志”① 的创始人兼首席执行官本·西尔伯曼将这种领导创业公司的经历形容为惧怕和喜悦的交集。[1]

我对此深有同感。创业公司当然不都是独角兽，也不可能一路彩虹相伴，而要想通过挑战，创业合伙人就必须对彼此坦承它们的存在，只有这样，我们在面对它们的时候才不会感到孤立无援。假如我们能够认识到，每一位领导者都要面对同样的恐惧和

① 品趣志（Pininterest）于 2010 年在美国创办，采用瀑布流的形式展现图片内容，被称作图片版的推特，现已成为全球十大最热门社交网站之一。——译者注

焦虑，那么我们自己的那份恐惧和焦虑也就没什么大不了了。而且就像我们在本章接下来的内容里会看到的那样，挑战本身往往具有价值，它们会让我们更加强大，而且每一个挑战都让我们更有能力应对下一个挑战。另外，只要你好好享受这个过程，就会被与你共事的人鼓舞，进而对自己正在做的事情充满信心，然后在信念和毅力的支持下，那些阳光明媚的日子就会帮助你度过那些暗淡无光的日子。

我曾有幸与斯坦福大学商学院的讲师大卫·多德森合作，将我的一些经历用于案例研究教学，他就“攀登高山”提出了另一个精彩论点。他说：“你千辛万苦抵达的那个高峰只不过是让你能够以一个更有利的视角将自己有待攀登的其他高山尽收眼底。”千真万确，克服挑战其实不但会帮助你看到自己有待应对的其他挑战，还会让你更有能力应对它们。所以不要停下你攀登高山的脚步，同时带上一支你想与之共同攀登的团队，并牢记自己不是孤身一人。

跌倒后就爬起来

我是个影迷，我的意思是真正的影迷。几乎每一部电影我都是哭着看完的，包括动画片，这在我家里已经成为笑谈。而且我往往会为电影情节入戏过深，以至于被朋友看到一些荒唐可笑的举动，比如在影院里为影片中的一场表演鼓掌，甚至对着一个在屏幕上挥手的角色挥手再见。我猜那是因为我真心相信艺术在讲故事方面的力量，也真心相信那些故事能教会我们宝贵的人生道理。

所以可想而知，每当在剧院里看到有人跌倒后又自己爬起来的时候，我都会备受鼓舞，我称其为“洛奇时刻”（the Rocky Moment）。虽然迄今为止你已经输了一两轮比赛，或是连一轮都没有赢过，但是你会加倍努力，在倾尽所有的同时，也从周围人的身上获得支持和鼓舞，然后再回来战胜最凶猛的竞争对手。它也可以被称作“火星救援时刻”（the Martian Moment）。也就是当你面对一项看似不可克服的挑战时，比如将一位被困在火星的宇航员活着带回来，为此你要组建一支人才济济的团队，从许多失败的想法中吸取教训，然后在最后关头，你终于提出了一个只是有可能奏效的点子。

我相信在银幕以外的日常生活中，这种时刻同样也会发生。其中有些简直就像电影里演的一样富有戏剧性——从救命的手术，到职业比赛最后一刻的“万福玛丽亚传球”（Hail Mary passes），再到突破最大障碍的科学壮举，以及促成大规模全球政策变革的运动。另外还有些时刻则相对来说微不足道，比如成功通过一项我们以为自己会挂掉的测验，或是为一个我们以为没人会支持的项目筹集到资金。反正大也好，小也罢，我们所有人都难免经历“洛奇时刻”——本来没人相信我们会成功，有时候就连我们自己都不相信，但是经过一番努力，我们却真的实现了目标。

我的意思并不是说这一路上就不会有失败。事实上，“洛奇时刻”恰恰是以先失败，后成功作为假设前提。若是在实现目标的过程中，困难的程度不足以造成失败，那么很可能是因为挑战的级别还不够。但是斯科特·菲茨杰拉德有一句话写得非常好：“你千万不要以为一次失败就代表了最后的失败。”[2] 我们不应该把自己人生中这些较小的失败视作最后的失败，而是应该将其视作通往最终成功的必经之路。我们还可以从一路上经历的这些失败中吸取教训，进而让自己变得更加强大，更有可能实现最终的目标。借用洛奇·巴尔博亚[①] 本人的一句话：“关键不在于你能造成多大的击打力度，而在于你能承受多大的击打力度并且继续比赛。”[3] 假如我们把自己的人生看作一系列的“洛奇时刻”，那么我们很可能会为自己能够实现的目标而喜出望外。而且斗争的过程越艰难，胜利的果实就越甜蜜。

从失败中吸取教训

一旦我们承认了前方道路多有失败，那么接下来的问题就是我们要怎样予以应对了。尽管有可能是老生常谈（就算是，那也很可能是有其合理性的老生常谈），但是毫无疑问，我们应该做的当然是从失败中吸取教训。但是，有没有可能只要我们从失败中吸取了教训，就真的前景一片大好了呢？我的意思是，是否真

① 洛奇·巴尔博亚（Rocky Balboa）是美国电影《洛奇》（*Rocky*）系列的主角。他本来是业余拳击手，一次机缘巧合被美国重量级黑人拳击冠军阿波罗挑为对手，之后努力训练，在比赛过程中苦撑了 15 个回合之后输了比赛。——译者注

的能通过从失败中吸取教训而实现收益最大化呢？我相信答案是肯定的。而且要想做到这一点，就不能只是心不在焉地想着，“伙计，那样是行不通的”，而是应该刨根问底，把哪些东西行不通或者为什么行不通想明白，记清楚。若是你真的还想在此基础上更进一步，那么最好的做法就是将其分享出来。我的意思不是仅仅对别人提起，而是要分享到尽人皆知的程度，尤其要分享给那些尝试解决相同问题的人们。我们对彼此的失败知道得越多，重蹈覆辙的可能性就越小，也就能够更快地找到解决方案。

托马斯·爱迪生说过这样一句广为流传的话：“我没有失败。我只不过是找到了 10000 种行不通的方法。”这 10000 种方法中的每一种都能让他明白自己在下一次实验的时候想尝试什么，或者不想尝试什么。他发觉自己犯错的速度越快，处理相同问题的人员越多，他找到解决方案的速度也就越快。[4] 事实上，爱迪生在新泽西州西奥兰治的实验室是有史以来第一座完备的研发实验室。这种屡败屡战、直至最终成功的态度让爱迪生创造出了 1093 项专利——相当于在他的职业生涯中，每两周就创造出一项专利。可以说，爱迪生和他实验室的团队将如今在硅谷以及世界各地的创新中心已经相当普遍的“快速止错”思想体现到了极致。

我们通过设立“失败节”（Festival of Failure）的方法将失败去污名化，其意义在于鼓励人们将自己的失败分享出来，从而达到让别人也能吸取教训的目的。我们并没有让全公司拘泥于单一的某种形式，而是允许每支团队按照自己的工作流程对这个理念进行适应性调整。有些全球性团队或职能性团队会在每个星期的团队电话会议上安排一个“失败节”的环节，让人们说出最新经历的失败例子。而在工程设计团队，成员们则会定期通过演示“失败节”小样的方式举例说明他们犯下的错误或破解的代码，以及他们学到的东西。这样的节日突出强调了失败作为一种学习机会的特点，让人们不再为“失败”而羞愧。它们帮助我们认识到每个人都会失败，特别是当我们尝试实现雄心壮志的时候。我们不必为此羞愧。只有当我们不肯通过分享自己的失败，导致他人重蹈覆辙的时候，才真的应该羞愧。

如果你卷铺盖回家，结果就只能是失败

在创业的经历中，一点一滴的惨痛教训让我懂得了一个道理，那就是在建设某样东西的过程中，失败是必不可少的一个步骤。在雅虎晋升了近十年之后，我想要看看自己是否能够从头开始打造一家公司，包括一款能够解决某种重要用户需求的产品、一支才华横溢的团队，还有一种鼓舞人心的公司文化。我想尝一尝当首席执行官的滋味。当然，在为这项挑战兴奋的同时，我的顾虑也不少。我知道创业公司的失败概率相当高。事实上，我记得在《概率之书》（*The Book of Odds*）上读到过一份统计数据，意思是我声称看到不明飞行物的概率（每 5.8 个成年美国人中就有一个）都高过我创业成功的概率（介于 1/10~1/7，具体取决于你利用的资源）。[5] 我认识的许多人都对我说，他们万万想不到

我会辞掉雅虎的高管职位，去领导这样一家产品尚未经过市场检验的小公司。我理智地告诉自己，就算失败也无妨。我知道，凭借以前的经验，我完全可以事后再找另外一份工作，所以在经济方面，并不存在什么风险。我还知道，我的家人和朋友无论如何都会支持我；就算我的企业失败了，他们也不会把我看作一个失败者。然而，尽管我的理性思维在说一切都会好起来的，但我的内心深处还是有一个声音在絮絮叨叨地对我说，我害怕失败。不过，我想要创建新事物和向自己证明我至少能够放手一搏的愿望战胜了一切。

于是，我破釜沉舟，加入了一家小微公司，而不是完全从零开始。我选择的这家公司里有非常值得我学习的人：技术超凡的创始人钱杜·梭塔，曾经是微软的工程师；经验丰富的董事会主席比尔·哈里斯，曾经是财捷（Intuit）和 PayPal（贝宝）的首席执行官。在接下来的几年里，我也确实从他们以及其他很多人身上学到了许许多多的东西。我还懂得了做一名创业者有多么艰难，而且我也确实犯下了许许多多的错误，特别是在刚开始的时候。

这家公司经营的是一个名为 Fatdoor（可译为“肥门”）的社区型社交网站，刚加入进来的时候，我对这个名字并无好感，因为它不但不够通俗易懂，而且“fat”（肥胖）这个词在我看来也毫不讨喜。但是我将其更名为 Center’d（可译为“中心化”）的决定可以说比这还要糟糕得多。将第三个 e 省略掉（因为我们买不起拼写正常的域名）并以一个单引号来代替简直是我有史以来所想出的最糟糕的主意之一。我们甚至不能在新闻稿里使用我们名字的所有格，因为那样的话，就会有两个单引号出现（“Center’d’s new product...”[①]）。除此以外，在计算机代码里，单引号还属于所谓的“特殊字符”，所以我们想要创建的许多功能都无法成型。不但非正常拼写是个糟糕的主意，而且名字本身也仍然含混不清，以至于人们根本弄不清楚我们在做什么以及我们代表什么。这真的是个从头到尾一无是处的决定，同时也是我在产品最后迭代时要加以改正的一个决定。

我们的愿景是让生活植根于本地社区的那些人与邻居们的关系更稳固，生活更便利。这个愿景虽然清晰，但是要推出一种创业者和投资者所谓的“产品—市场匹配”（product/market fit）的东西，却颇费一番工夫。这个术语的意思是你要找到一个“优秀的”（大体量，高成长）市场并拥有一款能够满足该市场需求的产品。我们一共创建了三款不同的产品，才终于找到真正称得上“产品—市场匹配”的东西。

第一款产品就是 Fatdoor，在我还没来的时候，公司的团队就已经建成了这款社区型社交网络产品。它虽然潜力巨大，但很有可能太过超前，而这也是许多科技产品的通病。它推出的时间是 2007 年，当时苹果 App 和安卓 App，以及“联外通”（Facebook Connect）[②] 等工具类软件大多还未问世，而这些工具实际上是如

---

① Center’d’s new product...的意思是 Center’d 的新产品。英文单词后面加’s 表示所有关系，即所有格。——译者注

② 联外通使人们能够凭借自己的脸书认证信息登录其他网站并将自己的社交地图同步过去。——译者注

今类似 Fatdoor 的产品赖以生存的基础。所以尽管市场的潜在体量巨大（所有的人都想在各个社区内建立人际关系），但我们要在这个市场里接触到足够多的人却困难重重，这也就意味着我们不能有效地在本地人之间建立联系。除此以外，我们还面临一些用户数据隐私方面的问题。所以我们最终关闭了 Fatdoor。第一轮，失败。

接下来的产品是 Center'd V1.0。我们推出 Center'd 第一个版本的目的在于利用 Fatdoor 已经建成的东西——社区之内的人际关系——并专注于这些社区中的一个特定群落：学校和家长。这款产品能帮助他们围绕需要分享和分派的工作进行组织规划，比如活动策划和志愿服务，从而有助于让他们的生活变得更加便利。因为每个使用该工具的人都会自动拉进更多的人，所以它还有与生俱来的病毒式传播特性。然而，尽管拥有成为大体量市场的潜力，但是由于关键的用户需求还不明朗，所以它并不属于一个高成长的市场。最后，我们将它全部卖给了另一家小型的创业公司。第二轮，失败。

到了 Center'd V2.0 阶段，我们将前两个产品阶段已经完成的定位工作作为建设基础，将触角延伸至本地调研。我们相信未来会是移动的世界；当人们寻找本地商家的时候，会希望迅速发现关键属性，而不必在自己的智能手机上浏览成百上千条评论（更何况大多数地方再怎么样也能得到大约四星的平均分）。为了打造这种便利性，我们分析了超过 4000 万条本地商家的在线评论，然后利用情感分析和机器学习对商家进行总结，虽然与

Zagat[1] 的评分类似，却是自动生成。我们能够告诉你一家餐厅是否适合约会、亲子或聚会；我们能够让你知道它的菜单上有哪些菜品最受青睐，人们对它的服务有怎样的评价，它的洗手间洁净程度如何。虽然这款产品真的很好，但我们却无法让足够的消费者来使用。而没有人使用，就意味着我们卖不了广告；卖不了广告，就意味着没有真正的商业模式；没有商业模式，就意味着赚不到钱；赚不到钱，就意味着营销工作无法开展。一言以蔽之，就是一个先有鸡还是先有蛋的问题。其实我们找到过一群对我们掌握的数据确实感兴趣的顾客，他们是从事本地企业名录和调研业务的其他公司的职员，而且他们也愿意为这些数据向我们付费。所以我们就把数据卖给了他们，开始赚钱。好日子开始了！但是当我们发觉自己已经向大多数最大型的潜在顾客销售过数据的时候，好日子就结束了。这意味着我们的市场体量并不够大。第三轮，虽然情况好转，但多半仍是一次失败。

每到一个节点的时候，我本来是可以叫停的。许多人可能都会这么做。而如今回顾起来，我经常可以这么说，虽然公司失败了三次，但是我们没有直接卷铺盖回家。2008 年和 2009 年，人们说美国银行是“大而不能倒”，而我们说自己是“固执到不能失败”。若换成别人，很可能早就将剩余资金还给投资者，就此宣告结束了。而面临这种时刻的我当然也感到忧心忡忡，也有很多自我怀疑，但就是不想放弃。我们知道自己有合适的团队，知

① Zagat（可译为萨加特）以创办人萨加特夫妇的名字命名，是一款应用工具类软件，负责收集消费者对全球景点、餐厅、酒店等的评价。——译者注

道改善人们本地生活的愿景值得追求，也知道我们的根本性技术有真正的潜力。我回想起自己在雅虎经营本地市场业务期间做过的所有调研，还回想起人们对我们说的他们感觉缺少什么东西。当时人们一致提到的一个需求缺口就是他们想要知道附近的商家分布情况和交易情况。真是踏破铁鞋无觅处，得来全不费工夫。于是我们就做出了打造第四款产品“交易地图”的决定，它不但承接了我们已经掌握的有关本地商家的所有健全数据，而且更上一层楼，增添了说明哪个商家目前有促销或特价的功能。我们推出“交易地图”的时候，围绕“酷朋”（Groupon）发展起来的本地交易生态系统正值腾飞之际，而由于我们不仅能够绘制本地的“酷朋”式交易情况，还能够绘制全国性品牌（比如“盖璞”）及其本地店铺的销售情况，所以我们的产品更胜一筹。其他的当地交易服务软件在一天之内或许每个城市只有十几笔交易，而我们却有成千上万笔交易。这种理念后来发展成了一场运动——由于“交易地图”不但能够让人们在社区里的生活更加便利，而且能帮助他们把钱省下来用在其他有价值的东西上，所以得到了大众的热爱。“交易地图”充分利用了消费者普遍存在的省钱愿望，这是它的几个前身不曾做到的。该产品一经推出，立刻形成了燎原之势，在第一年就吸引了数百万用户，像万事达信用卡和微软这样的公司都来与我们洽谈合作。那一刻我恍然大悟，原来所谓的“产品—市场匹配”就是这个样子。

借用硅谷的一句流行语：我们接受折点，但不接受失败。这句话真的奏效了。

虽然我们最终得以找到成功之路，但是这一路上面对的挑战也不计其数，而我目前着重讲述的这些只不过是沧海一粟。我们要攀登的这座山实在是太高了。虽然有许多阳光灿烂的日子，但是也有许多阴云密布的日子。事实上，哪怕我们已经在一个体量巨大的市场上拥有了一款畅销的产品，也不意味着从此以后就不再有障碍。我们曾经被“专利流氓”起诉，曾经在董事会上争论是加大融资还是卖掉公司，还曾经不得不在谷歌对我们的收购只有 36 个小时就要结束的时候，极力拯救几近分崩离析的被购资产（在我的整支团队得知消息并打包自己的用品之后）。

每次到了这样的时刻，我就在心里对自己说：“好吧，我怎么才能往山上再爬一步呢？”就这样一次又一次，我真的解决了每一次的挑战。我在必要的时候谈成了补充协议，我们还改变了谷歌收购的交易结构。为了促其达成，我们不遗余力。我由此想起自己最喜欢引用的一句话，它是田纳西大学备受爱戴的已故女子篮球教练，也是罗宾·罗伯茨的前教练帕特·萨米特的名言：“左脚，右脚，呼吸。”[6] 只要不断前进，每遇到一项挑战，就解决一项挑战，那么最后成功一定会掌握在你的手里。

找到你的盟友

当你觉得一座山很高的时候，别忘了你没有必要独自一人攀登。即使一开始只有你一个人的声音在为变革而战，你召集在自己周围的那些运动支持者也能够帮助你解决障碍。奥尔加·莱布科夫斯卡亚就是采取了这种做法，才成功地通过请愿的方式让俄罗斯卫生部修改了原来禁止家属探望重症监护病房病人的法律规定。为她的请愿签名的人有很多都在互联网上分享了自己的故事，于是奥尔加就将那些感人肺腑又极具效力的故事收集起来，利用他们的声音鼓励其他签名者采取同样的做法。事实证明，将她的支持者集结起来并形成一个志愿者群——其中包括能够帮助起草新的拟议原则和方针的律师和心理学家——最后成了为她这项运动发挥效力最大的一个要素。“我发觉许多人都需要法律援助，而在我的签名者中就有律师，”她对我说，“于是我发布了最新消息，建议我们创建一个律师群，立刻就有30位签名者响应了这个要求。我在脸书上创建了一个封闭式群，没过几天，群里的律师志愿者们就通过头脑风暴的方式，将所有重要而有用的文件打包了出来。如今这个群组仍然存在，我的签名者们彼此也还在保持联络。”

……

还有我们之前提到的阿曼达·阮，虽然她对为性侵受害者争取权利一事充满热情，但也意识到无法凭借一己之力达成目标。为了给她的运动找到盟友，进而改变相关的法律规定，她迈出了小小的第一步，却也是极具效力的第一步。她给自己认识的每一个人，包括同事、朋友、教授，都发了电邮，要求人们和她同行，一起实现改变马萨诸塞州法律的愿景。她说："这就是我要做的事情。你们会与我并肩战斗，助我一臂之力吗？"虽然把她的故事分享出来并非易事，但她也知道，要改变我们谈论性侵的方式，这一步十分重要。"强奸对受害者来说仍是一种耻辱。当我看到自己的名字和'强奸'二字并排出现的时候，感觉一点儿都不好。"她对我说，"但是通过耳闻目睹，我也从全美国和全世界的女性那里得知这对她们来说有多大的意义，以及能在多大程度上改变她们的生活。正因如此，我才会坚持下去，不断现身说法，在我尝试讲述的故事——我的故事——以及我尝试让其他人看到的斗争中暴露自己的软肋，展现真实的自己。归根结底，这才是真正重要的东西。"

而人们也真的做出了回应，每个人都问阿曼达怎样才能为她提供帮助，其中有律师，有程序员，还有喜剧演员。当阿曼达成立"崛起"的时候，她动员了自己需要的所有势力去争取各州乃至全国性的变革。在"崛起"工作的人们有许多非凡之处，而其中之一就是他们大多数人都属于志愿者，甘愿为他们信任的一项事业和运动免费提供服务和各种形式的专业知识。"'崛起'就像是社会活动领域的优步，"她对我说，"'崛起'的倡议模式可以说是一种专业技能的共享经济，其最终目的是实现变革。你想用自己的闲暇时间改变你的国家吗？好啊，我们已经在这么做了。任何人都没有找借口说，'哦，我只是没有办法提供全职服务'。我们有经济学家，也有在华尔街以融资项目为生的人，他们都是工作狂人，但是当我们需要为一位国会议员的特定选区做回归分析计算的时候，他们却愿意抽出两个小时的时间，让我们能够为那位议员做一份小样。我们最大的资产就是人，是他们的故事、他们的背景、他们不同的专业技能和才华。”

她还在同为性侵受害者的人中找到了盟友。阿曼达在互联网上发起了一项请愿，超过 14 万人为请愿签名并写下支持她的原因，也有许多人将自己作为受害者的故事分享出来。事实上，阿曼达后来在互联网上筹到了一笔资金，用于让其中 20 多位受害者飞到华盛顿，向国会议员们当面讲述她们的故事。而且正如我们在第四章里看到的，阿曼达和她的盟友们赢得了胜利，在短短 7 个月内就让法案在联邦法院获得通过。尽管向前迈进了一大步，但是对于正在攀登高山的阿曼达及其盟友来说，也只是行程过半而已。每个州的法律各不相同，而且许多权利不是在每个州都受到保护。所以阿曼达如今又将运动开展到了每个州，而且更多的受害者又在自己所属的州发起了运动。本书写到这里的时候，这支了不起的志愿者团队已经在过去的 6 个月里，在 12 个州获得了《性侵幸存者权利法案》的通过。

与支持你的人为伍

合伙人是盟友的终极形式。艾米·诺曼和斯特拉·马同在易贝担任品类经理时结识，然后就在 2008 年共同创办了“小护照”。虽然她们最初并没打算成为创业者，但对实行变革却充满了热情，而且都感觉自己的工作没有什么影响力。正如斯特拉对我说的："我对美国企业失望透顶，感觉我的工作对这个世界好像没有足够的影响力。当我回顾过去的时候，发现自己竟不曾让任何一样东西变得更加美好。"于是，她们就以联合创始人和联合首席执行官的身份结伴而行，开始创建以培养一代全球公民为使命的"小护照"。"小护照"提供了一系列可以鼓舞3~12岁的孩子们了解世界的订阅产品，通过每个月邮寄包裹的形式教他们了解另外一个国家或话题。所有的订阅产品都是由特定角色发出的，其中又以环游世界的"笔友"为主体。

9年多以后，"小护照"已经是一个高成长和高利润的公司（其规模几乎每年都在翻番），始终在不断增加新的产品和鼓舞全球各地的孩子们。但是为了走到这一步，斯特拉和艾米不得不面对巨大的挑战。我的意思是她们不得不克服巨大的挑战，既包括职业层面的，也包括私人层面的。就这一点来说，拥有彼此真的大有助益。由于我从2009年就开始在"小护照"担任董事会成员，所以能够亲身感受到她们坚如磐石的决心。

"我们创办公司的那个周末，我的婚姻意外破裂，"艾米对我说，"而且我的第二个孩子在我肚子里已经8个月了。然后我的爸爸又被诊断出癌症，不到4个月就去世了。于是，我变成了一个没有收入的单身妈妈，还刚刚失去自己的爸爸，失去我最大的一个支柱，同时我们又在尝试启动这家公司——当时一切都在起步阶段，我们还没有筹集到任何资金。要是没有献身事业的精神和不屈不挠的毅力，没有对我们自己的信念，是不可能坚持下来的。"

艾米接着又说，对她而言，这家公司在她的人生跌到谷底的那段时期一直让她感到莫大的希望，而有斯特拉在那里担任她的联合首席执行官则有莫大的意义："在那些日子里，斯特拉完全就是我的支柱，是那种能够安抚人心的声音。我记得她在我没有别处可去的时候，带我到她家去过了感恩节。那些记忆绝对让你终生难忘。就这样，我们的商业伙伴关系和我们的私人伙伴关系彻底交织在了一起。在经历过种种之后，有这样的结果实在让人感觉妙不可言。"

轮到斯特拉的时候，她也从艾米支持她渡过难关的许多事例中选了一个讲给我听："我和艾米一开始就是最好的朋友，然后又携手走过了这么多年，真的很不容易。我生小儿子的时候是早产，所以他在医院住了将近三个月，而当时我们的企业刚刚启动不久，幸亏有艾米一直在支持我。她对我的支持不但包括职业层面，也包括私人层面。这真的具有关键性的意义。"

她们对企业的信念，对自己的信念，还有对彼此的信念共同发挥了关键作用，让她们越过许多有可能导致失败的障碍和阶段，并得以最终扭转局面。她们不但成功挺过私人层面的巨大挑战，还多次度过企业本身的困难时期——当她们无法融资，担心给员工发不出工资的时候，当她们要变更仓库，有家公司威胁不放库存给她们的时候——而且所有这些挑战她们都是联手克服的。

她们逐一应对每一个可能导致失败的地方，互相支持着度过那些困难时刻，她们知道每当自己有需要的时候都有对方可以依靠，并觉得有责任为彼此竭尽全力。她们按照每个人最擅长的专业技能将工作分成不同的领域，凭借信赖任由彼此在各自负责的领域大展拳脚——艾米负责市场营销和财务管理，而斯特拉负责产品开发和运营。至于那些最重大的决策，包括如何调整战略，是否要推出新产品，是否要与某个投资者合作等，则由她们两人共同制定。这种合作伙伴关系让公司日益强大起来，并帮助她们走向最终的成功。如今“小护照”已经走上正轨，营业收入超过了 3000 万美元，并且还在迅速成长。除此以外，她们也已经形成了运动之势，有一大批热情的粉丝喜爱她们的品牌，并且会在她们推出各种新产品的时候争相订阅。

……

可能听起来是不言自明的一句话，但我还是要说，与那些不但支持你，而且让你负有责任的人为伍，能在我们人生的许多方面发挥巨大的效用。事实上已有研究成果表明，与别人分享目标的简单行动会增加你梦想成真的可能性。在 2015 年的一项研究中，加利福尼亚州多米尼加大学的盖尔·马修斯博士招募了 267 个出身不同、行业各异的人，要求他们每个人围绕自己希望在 4 个星期之内完成的业务目标采取各种各样的行动。[7] 每个参与者都被随机分派到 5 个承诺水平各不相同的小组中的一个，第一级是仅仅“想着”他们的目标，第二级是写下目标，第三级是写下目标和行动承诺，第四级是写下目标和行动承诺并与一位朋友分享行动承诺，第五级是在完成以上所有步骤的同时，还要给一位朋友每周发送一份进度报告。人们的具体目标可以说是五花八门，比如写完一本书的一章，或是挂牌出售一座房子。

研究进入尾声的时候，参与者被要求按照不同的维度为自己的进度和完成目标的程度打分。马修发现，在向一位朋友每周更新进展的参与者中，有超过 70% 的人汇报自己已经成功地达成目标（完全实现目标或者已经实现大半），而在与一位朋友分享行动承诺的参与者中，这个比例是 62%。相较之下，在把目标藏在自己心里而没有写下来的参与者中，这个比例只有 35%，在把目标写下来但是没有与别人分享的参与者中，这个比例是 43%。

有许多例子都可以证明，当人们觉得自己有人支持、对人负责的时候，达成目标的概率就会增加，无论是戒烟，还是减肥，抑或是别的事情。最近我有一些朋友以恢复体形为目标，创建了他们自己的“支持和问责”圈。他们每个人都制订了一份每周锻炼 4 次的计划。而每次锻炼之后，他们都会给其他人发条信息，用一两句话说明自己的锻炼内容。然后其他人会经常用鼓励的话予以回应。假如有人在任何一周内没能完成 4 次锻炼的目标，就要在接下来的一周里接受多做 75 组“波比运动”（每一组的内容是深蹲 + 俯卧撑 + 青蛙跳 + 蹲跳）的惩罚，听上去就知道这不是好玩儿的。

一年后，也就是从他们制定目标开始，五十几周过去之后，他们估计每个人在这期间只有三四周的时间没有完成目标。其中有两个人的体形达到了人生中最佳的状态，还有一个人则说他已经“接近那种状态”。坚持发送短信通知的效果是难以置信的，而专注于以周为单位，而不是以月或年为单位的小目标，则有助于实现规律性的锻炼节奏。甚至当他们去旅行或是出于别的原因而打破作息常规的时候，这套方法也有助于敦促他们制订一份包含4次锻炼的计划，并且几乎每次都能奏效。他们甚至不必身处同一个地方——这些人有一个在纽约，有一个在加利福尼亚州，还有一个在澳大利亚，三个人对彼此的支持可以跨越大陆的界限。而且这种做法还有一个额外的好处，那就是由于他们每天都在联系，所以彼此的友谊更胜从前。

当你考虑怎样才能让成功概率最大化的时候，不如想一想能够成为你亲密合作伙伴的那些人，他们应该能够在困难时期支持你和鼓励你，能够让你觉得自己对他们负有责任，能够给你更多的动力去解决自己将要面临的挑战。

工作，再工作

许多时候，运动和创业都是在迎接挑战的过程中，全靠一股子钻劲儿和干劲儿才走向了成功。白手起家必定要付出辛勤的汗水，整个过程绝非易事，我们也不应该如此预期。而且你往往不具备自己心目中成功所需的各种资源，这就意味着参与其中的每个人都需要加倍努力，加量工作，凭借艰苦奋斗度过这个阶段。这种努力是值得的，这种艰苦奋斗也是值得的。大多数企业和运动都是这样从头做起的，若非如此，它们也不可能成功。

包括惠普和谷歌在内的许多科技巨头都以在车库起家而闻名，这绝非巧合；我刚开始在匹兹堡创立“突破口”的时候，也只有两个房间可以作为办公室，其中一个还是储藏间，我们亲切地称之为“储藏间办公室”（cloffice）。在第一年里，我每天都要加班加点地工作，以至于我的口袋里经常揣着一张购物清单，因为商店晚上 9 点就关门了，所以我从来都没有机会去逛。（我知道用这种方式树立领导榜样并不怎么高明，而且后来我也学会了如何更好地划分事情的轻重缓急。）但现实就是如此，在一切刚刚起步的早期阶段，你唯一能做的常常只有工作，再工作。而且有些时候，事情进展得越好，要做的工作就越多，至少在你能够根据规模做出调整之前都是如此。

“吹风吧”的艾莉·韦伯和迈克尔·兰道在开设第一家零售店之前的几周就见证了这一点。最初的预约仿如涓涓细流，他们每隔几个小时就收到一封电邮，这让每个人都兴高采烈。但是在“糖果生活”刊载了他们的专题报道之后，一切都变了。当时所有人正聚在一起吃午餐，突然间，他们的电话开始铃声大作：预约通知如滔滔江水，不断涌来。一个星期后，有 8 张造型椅，却只有 5 位造型师的他们开始面临迈克尔对我说的“狼多肉少”的窘境。他们完全低估了需求量。最开始的那些日子简直可以用滑稽好笑来形容，迈克尔和艾莉，连同他俩的另一半，总是要在店里忙到凌晨两点，想方设法解决他们的系统问题并为第二天做好准备。“当时完全是一片混乱的状态。甚至有那么几个月的时间，艾莉只能在里屋想方设法做工资单和安排自己的日程，同时还要身兼造型师的角色。”迈克尔说，“于是我就在布伦特伍德那间店铺的后面租了一套一居室的公寓，这样一来，平时住在奥兰治县的妻子和我就可以星期一过来，待上一个星期，而艾莉从店铺回来后，也可以在公寓里思考问题，做工资单，制定日程。”后来，渐渐地，他们开始雇帮手，并最终有了一间真正的工作室。

艾莉不但要帮忙打理业务，还要维护客户关系和做头发，就连她都没想到，做到坚持不懈竟然如此困难：“我之所以没有聘请一位经理人，是因为不知道这件事会做到如此之大。”她对我说，“我要一边马不停蹄地吹头发，一边帮忙管理店铺。而且我们还在所有的宣传材料上做了“ins 人气款”的推广，所以人们络绎不绝地前来，却发现我们根本忙不过来，于是难免生气。这一切还不算什么，我们刚开始在布伦特伍德开店的时候，前台是有一部电话的，可我们却忙得连接电话的时间都没有，而且吹风机和音乐的声响也太大了。我们很快就意识到，假如我们接了电话，那么给每个人的体验都会很不好：我们面前的顾客就不用说了，况且电话那头的人也几乎听不到我们说些什么。于是，我们干脆停掉了电话中心业务，而这并不在原来的计划之内。我们就好像在一边歇口气儿，一边想方设法解决一切问题。我们实在没想到，业务起步居然会如此之快。第一天我们所有人都大哭了一场，简直像疯了一样。”

最后就像迈克尔说的，一切都要归于工作的完成。“不要让所谓的‘完美’妨碍你前进的道路。在开展一项业务的过程中，涉及的方方面面无一不是千难万难，但是你必须坚持耕耘，把烂事儿破事儿全部搞定。”

辩证地看待障碍

要不是人生中发生过一些戏剧性的事件，我的观念不会变化得如此剧烈，对其他挑战也不会看得如此透彻，而且我相信有同样境遇的人不在少数。我们前面已经讲过发生在艾玛身上的事故，那就属于我所说的戏剧性事件，但是我的观念第一次发生巨变，则要比这再早 8 年的时间，当时的我还不到 30 岁。

我和丈夫莱恩是在匹兹堡相遇的，那是他生长的地方，而我则是为了创办“突破口”项目搬到那里的。大约两年后，我们结婚了。婚后不久，我们就一起进入商学院，在康奈尔大学过了两年开心的日子。

那段时间，我已经开始经常性地出现非常严重的头痛症状，但是一来年轻，二来太忙，所以我真的没有对这事儿想太多，只是以为自己有可能患上了慢性鼻炎，原因是我的痛感差不多每次都来自眼部正后方。我们的全部注意力都在学校和彼此身上，专心享受我们人生中的那段幸福时光。莱恩的年纪比我大了差不多 10 岁，当时大概是三十五六岁的样子，所以已经做好了要孩子的准备。而我尽管相对年轻，但一直都有当妈妈的愿望，并且不知道为什么，我向来不把人生的各种可能性视作理所当然，毕竟谁也不知道未来有可能发生什么，所以也同意要个孩子。就这样，在只有 26 岁的那一年，我说，我们不如现在就开始尝试吧。

我们是在商学院上到第二年的时候开始尝试怀孕的，但结果却以失败告终。毕业后，我们搬到了帕洛阿尔托，趁着互联网行业刚刚跨入繁荣期的时机，双双从事了科技领域的工作。我以为自己有不孕不育的问题，于是开始在帕洛阿尔托看一位医生，想看个究竟。第二次就诊的时候，我的医生说，验血结果显示我的激素水平有些异常，她建议我做一个脑部核磁共振。

说不出是什么原因，那时候我真的没有想过她为什么要给我开这么一张检验单，可能是因为我太年轻，太天真，也可能是因为当时还没有什么人在互联网上搜索每种潜在疾病的细节。不管是哪种情况吧，我只知道自己确实对即将到来的噩耗毫无心理准备。

几天后，我的医生打了电话过来。当时我正在上班，而雅虎的办公室又都是开放式的，所以我只好尽可能找了一间相对私密的玻璃会议室接电话。我在这头刚刚接通，她就在那头急急忙忙地说："你的核磁共振结果出来了。你长了一个脑瘤，需要立刻给一位神经外科医生打电话。"

一个脑瘤？我完全不知所措。

万千思绪在我的脑海中飞驰而过，时至今日，我还记得自己当时有多么恐惧，多么迷茫。"我怎样才能找到神经外科医生？她说的是我需要立刻给他们打电话，那是不是意味着我要死了？"

在我竭尽全力消化这一噩耗的时候，每个人都能透过玻璃看到我在哭泣。我记得自己当时一直在想："我要怎么离开这里？离开办公室的时候，我要跟谁请假？"如今既已得知这一切，我实在想象不出要怎样上完这一天的班，但是作为公司的一个新人——去年夏天我在这里实习过，然后一个月前才刚刚开始在这里全职工作——我也不想离开，不想逃避自己的责任。我记得自己找到上司经理，告诉他发生了什么事情，也记得他如何鼓励我回家。虽然当时我还不是个经理，但是那段经历却给了我宝贵的视角，让我在真的成为经理并且后来成为一家公司的领导者时受益匪浅。那一天经理表现出的同理心和平静感对我来说有着莫大的意义，从那以后，每当我的同事遭遇困境，我都会尽量仿效他那样的良善之举。

发现自己长了脑瘤那天，我回到了家里，想要试着消化这个噩耗，而在接下来的整个一星期里，我对自己的诊断结果和治疗方案又有了更多的了解。原来我长了（现在还长着呢）一个所谓的垂体腺瘤，这种肿瘤生长缓慢，一般都是良性的，并且实际上相当常见。尽管不幸之中有这么多的万幸，但当时却没有一样能够让我对自己的病情少一丝恐惧。不过，我除了极度恐惧之外，也特别感恩——虽然我的肿瘤个头很大，而且手术过程复杂到了令人难以置信的地步，但好在不是癌症。只要手术顺利，我就应该没什么事儿。

突然之间，所有那些年的头痛症状也说得通了。就这样，我，一个没有孩子的已婚少妇，即将接受一台复杂的脑部手术了，而当年我的母亲也几乎是在同样的年纪——27 岁——遭遇了同样的事情。

结果证明，我是个超级幸运儿，因为当时有可能是世界上最擅长这种肿瘤手术的外科医生恰好就在旧金山。事实上，两个月前，《纽约客》刚刚为这位名叫查理·威尔逊的医生发了一篇题为《理科天才》的专题报道，并在文章中把他比作神经外科的马友友或韦恩·格雷茨基。[8]

我的肿瘤已经长得相当巨大，正对着我的视神经，所以除了手术以外，确实别无他法。如若不然，那个肿瘤就会继续生长并有可能导致我失明和其他问题。得到我的同意之后，他们立刻确定了手术时间。不过就算是最早的排期，也要等到 4 个星期之后。

等待手术的那几个星期让人胆战心惊。我有太多太多的担忧。万一我在手术中醒过来怎么办？万一出了什么差错，手术后我在认知能力或视力方面与从前判若两人怎么办？万一情况比这还要糟糕怎么办？不过除了这些惧怕以外，那段日子也让人颇受启发，有助于我辩证地看待自己的人生。我以前是那种习惯于掌控局面，不习惯向人求助的人，如今却发觉自己原来也需要人帮助，这也是我平生第一次暴露自己软弱的一面。对那段时期向我伸出援手的人，我有太多的感激和亏欠，我的直系亲属自不必说了，在非直系亲属中，我父亲的表弟媳作为哥伦比亚大学小儿内分泌学科的主任，不仅帮助我更好地了解了手术过程，还确保我找到了适合的内科医生。又如我商学院的朋友朱迪，在手术前夕，她特意过来给我做了一次按摩。我是绝对想不到向人寻求那种帮助的，但是她仅凭本能，就知道那样一定会有帮助，而且事实的确如此，由此提醒了我人与人之间的联系有多么多么的重要。

但是这种经历带来的观念上的最大转变是发觉人生可能比你以为的更加短暂，发觉感恩我们共同度过的分分秒秒有多么重要。在陷入困境的日子里，我有时候会想起自己手术前写给莱恩、父母和妹妹们的信——当时是为了以防手术有失——然后就发觉相较之下，自己当前面临的任何问题或压力都变得黯然失色。因为就在此时此刻，一定有其他人在接受手术，得知某个心爱之人去世的消息，或是正面临其他的生死时刻。我很幸运，能从这种经历中挺过来，也知道不是每个人都能这么幸运。

关键在于奋斗

有时候，价值就存在于障碍本身。我的女儿们上小学的时候，遇到了一位与众不同的数学老师，她的创新式教学方法在传授数学知识的同时，也在传授宝贵的人生道理。她说，数学的关键并不在于找到正确的或者错误的答案，而是在于“奋斗”。

学会如何坚持不懈，哪怕遭遇困境也不放弃，才是必须掌握的重要技能。正如她所言，世界上最优秀的数学家们常常会为了解决一个复杂的问题而不惜耗费数年的心血。她要向自己班里的孩子们传授的不仅有他们需要的数学技能，还有艰苦奋斗和锲而不舍的精神。为了让他们身临其境，她会专门拿一些练习题给他们做，并设定类似于这样的规则：“你们可以使用计算器，但是不可以使用乘法键。”她通过这些别出心裁的方法为他们设置挑战，就是希望他们能够用创造性思维解决难题，并鼓励他们哪怕困难当头，也要奋力找到解决方案。

你对待障碍和挑战的方式，你认为自己的勇气和毅力源自何处，有可能关系到你最终的成功。

根据斯坦福大学心理学家、《思维：成功的新心理学》（*Mindset: The New Psychology of Success*）作者卡罗尔·德韦克的说法，拥有固定型思维的人相信自己的特性全都是天生的。他们相信自己生来就拥有一定量的智力和潜力，相信天赋而不是勤奋是决定成功的唯一要素。[9] 而拥有成长型思维的人则相信自己的特质能够在自己付出努力的过程中得到开发和发展。无论他们生来具备哪些技能和天赋，都只不过是他们的起点而已。他们明白一个道理，所有伟大的人无一不是经过多年勤奋的实践和学习，才做成了伟大的事。

德韦克在《哈佛商业评论》的一篇文章中说，大多数人都不会只固守其中一种思维。我们通常拥有的是这些信念结合而成的产物，虽然它们会随着时间的推移和经验的积累而发生变化，却能够强烈影响我们实现成就的潜力。当处境艰难的时候，一切就会大不一样。“哪怕我们纠正了这些错误的认识，也还是难以获得一种成长型思维。导致这种结果的原因之一就是我们都有自己的固定型思维触发装置。当我们面临挑战，受到批评，或是与其他人相形见绌的时候，就很容易陷入不安全感或是防御心理，而这种反应会对成长型思维产生抑制作用。”[10]

领导者和企业也会被他们采用的某种思维所影响。如德韦克所说："表现出一种成长型思维的组织机构或领导者会鼓励适当的冒险，也知道有些冒险不会有什么结果。哪怕一个项目没有达到最初的目标，他们也会为学到重要且有益的经验教训而奖励员工。他们更支持组织机构内的跨界合作，而不是员工或部门之间的竞争。他们致力于促进每一个成员的成长，不仅体现在语言上，还体现在行动上，比如广泛提供发展和升级的机会。他们还不断地用实质性的政策强化成长型思维的价值观。"[11]

2016 年，戴夫 · 柯林斯、艾娜 · 麦克纳马拉和尼尔 · 麦卡锡在《心理学前沿》(*Frontiers in Psychology*) 上发表了一项研究成果，证实了运动员应对逆境的方式同样可以决定他们会成为"超级冠军"，还是天赋异禀却未能将其发挥到极致的"准冠军"。[12] 该项研究发现，超级冠军都"对挑战有一种近乎狂热的反应"。超级冠军讲的是"挫折、受伤或落选之类的事情在他们的发展道路上如何发挥催化剂的作用，而不是扮演障碍物的角色"。相较之下，准冠军讲的则是他们一开始有多么顺风顺水，然后再将挫折归咎于外部原因，并从此变得消极或失去动力。尽管这两种运动员面临的挑战大同小异，但是他们对这些挑战的反应却有着天壤之别，进而对他们最终的成就产生重大的影响。

坚持奋斗未必轻而易举，无论在数学领域、运动领域。还是在生活领域，都是如此。但是日复一日地，平凡的人也能够克服逆境，度过困境，直到实现伟大的目标。我们有越强的毅力去面对人生道路上的障碍，我们可能取得的成就也就越大。只要我们认识到这一点，就必定会获益匪浅。

在危机中寻找趣味性

面临重大的障碍不仅有助于从中看到成长的机遇，还有助于发现在危机中表现出色的人。有些人即使身处危机之中，也能够茁壮成长，找到这样的人并收为己用，对你来说有着非凡的意义。无论是帮助你设法应对这些富有挑战性的时刻，还是帮助你自身练就这种技能，他们都是上上人选。

我们在第六章介绍过的本杰明·乔菲–沃尔特（那位不同寻常的“熊抱”实践者）就属于这类人。他曾是《卫报》（*Guardian*）和《电讯报》（*Telegraph*）的一位记者，负责报道世界各地的重大新闻事件，特别是非洲的，比如达尔富尔的灭绝性大屠杀，还有卢旺达的胡图族难民。他一直身处某些极难境地的中心。记得我们第一次见面的时候，我就听到了其中一些故事，开场白都是这样子的：“我因为携带药品到古巴而被逮捕的时候……”或是“我在苏丹染上痢疾的时候……”你懂的，简直就像我们所有人都会在茶余饭后谈论的那种故事，对不对？

本杰明曾对团队成员说，处理危机或困境的一个方法就是在情感上远离它的严重性，转而看到它的“趣味性”。显而易见，这种策略的意思并不是要人们轻视事件的严峻性，而是让人们专注于寻找当前挑战的解决方案，认识到自己在奋力度过危机的过程中能够学到什么东西。工作压力有时候会让人不知所措，而将大家团结起来则是一种有效的应对机制。本杰明的团队有一个群聊小组，全部成员都在里面，无论其中任何一个人在任何时候在自己的国家遭遇了危机或挑战，比如某项请愿遭到媒体的抨击，或是有人指责我们存在伪造签名现象，等等，所有人都会在群里对那个人回一句反话："颇具趣味性！"这样一来，负责处理当前危机的那个人就会在心情上稍稍放松，并且知道团队的其他成员就在那里支持自己。已故杰出人士杰克·布鲁尔深谙此道，他负责应对每一场突如其来的危机，并且总是以开放的态度提出不同的应对之策。他接收了"趣味性！"这个理念，并且加上了一个"TM"的标志，他提议，假如我们的团队确实表现出色，就可以得到这个标志，甚至让它成为我们的商标，代表我们确实能够游刃有余地应对任何一种富有挑战性的局面。所以无论事情有多么棘手，答案永远都是"颇具趣味性！TM"。

2016 年下半年，我在《财富》杂志举办的一次大会上作为小组发言人谈到了危机管理，在那里，我遇到了布鲁克·布坎南，她曾经在许多公司领导传播团队，比如沃尔玛、西拉诺斯（Theranos）、全食超市等。她的描述非常贴切："不知道什么原因，我就是喜欢迎难而上。"她还说自己睡觉的时候床边总是放着两部电话，就是以防有重要的事情发生。你需要找到布鲁克、本杰明和杰克这样的人，他们不但能够让自己在富有挑战性的时刻保持最佳状态，还能够教会别人积极应对挑战。

我和本杰明在"百格网"与团队共同经历了起起落落，其间我们两人在跟人们谈到临危不乱和随机应变的能力是各级领导岗位的必备技能时，经常用航海做比：要学会做一个出类拔萃的船长，只是把船开到湖里是没用的；只有经历大风大浪，你才能让自己得到真正的考验。伟大的领导者必须能够在各种情况下——无论是大风大浪，还是风平浪静——带领团队抵达目的地，而且这样也有助于发现在风浪中越战越勇的那些船员。

……

变革是由许多步骤和阶段组成的一个过程，这些步骤和阶段将带着你从一个理想愿景出发，前往一个有时候并不完美的现实，而过程中充满了变幻莫测的障碍。要明白这个道理，你必须愿意把挫折和失败看作潜在的转型时机。在障碍面前不屈不挠和坚持希望，并且想方设法创造性地利用批评去推动事业前进，是所有运动发起者和领导者必须掌握的关键技能。而当你身处高山的阴面时，这些技能还能够助你继续攀登。

后　记

相信自己的策略

为了写这本书，我采访了很多人，而采访过程中最让我喜欢的一个环节，就是听每位受访者讲述他们当初因为受到何人的鼓舞，才决定发起运动的故事。我接触过的所有请愿发起者几乎都告诉我，因为有其他人发起过类似的运动，或是采取过不同类型的社会行动，所以才对他们产生了巨大的影响。一想到别人曾经努力让变革成为现实，他们就更容易看到自己亲身尝试的可能性。但令人惊讶的是，他们大多数人都不曾告诉过另一个人，来自他或她的鼓舞具有怎样关键性的意义。虽然我们可能永远都不会知道自己说的话或者做的事鼓舞到了其他人，但是我们应该意识到，我们的行动可能会对其他人产生微小的影响，有时候甚至深远的影响，其力量不可小觑。

……

澳大利亚的塔琳·布兰菲特是三个孩子的妈妈，她曾经为自己糟糕的身材挣扎多年，直到茅塞顿开。她考虑过整形手术，而之所以打消了那个念头，是因为她认为此举会给自己的女儿树立错误的榜样。然后她又尝试了严控饮食和锻炼身体，并且经过训练，成功地成为一名优秀的健美运动员，但她却告诉我："我为了拥有完美身材而选择的那种生活方式让人觉得处处受限，而且也不怎么开心。"塔琳发觉，拥有原来那副身材的她其实更加快乐，所以现如今，她更加尊重，也更加喜爱那副匀称的身材。

于是，她做了一件出人意料的事情——她发了一组前后对比照，而且是把轮廓分明的健美身材作为"之前"的照片，把更加圆润、更加匀称和让人更加开心的身材作为"之后"的照片。

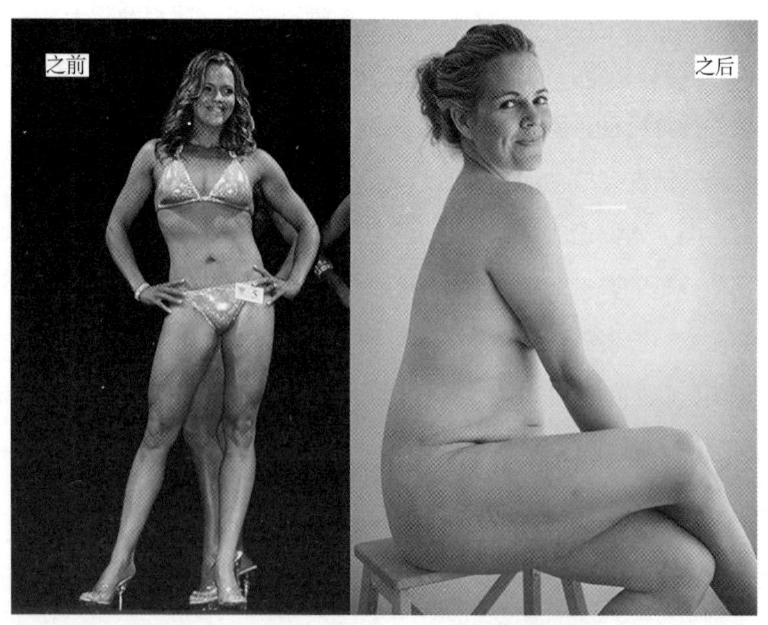

塔琳·布兰菲特的前后对比照（供图：安德烈·阿格纽，凯特·埃利斯）

塔琳发这组照片的目的并不是为了鼓舞他人，而是为了帮助自己逐渐找到一种喜爱自己身材的方式。她也完全没想到这组照片居然会鼓舞到那么多人。如今这组照片的浏览次数已经过亿，并且有7000多人直接通过电邮和社交媒体找到塔琳，让她得知她对他们来说有多么鼓舞人心。她发这组照片的勇气鼓舞到了数千万人，促使她写下了一本书和制作了一部纪录片，名字都是《接纳》(*Embrace*)，并且在全球开展了"身材形象运动"(The Body Image Movement)。

……

阿曼达·阮——为性侵受害者而战的那位了不起的年轻女性——对我讲述了一个她受到意外鼓舞的故事。那一天，她在马萨诸塞州议会的游说工作极为不顺，回到家里就大哭了一场，内心充满了挫败感，也不确定自己是否能够说服那些职业政客们去关心一项对他们个人来说可能十分陌生的事业。但是到了第二天，当她乘坐一辆优步专车前往美国参议院，准备开始新一天的游说工作时，那个司机问了一句她为什么要去那里。阿曼达说："我对他如实相告，然后这个素未谋面的陌生人就开始痛哭起来。他一边流泪，一边对我说，'我的女儿就是一个强奸受害者，而且当她尝试求助的时候，却发现整个体系漏洞百出'。把车停下后，他问是否能跟我握握手，感谢我为她的女儿而战。然后他又说，'今天有人告诉过你他们爱你吗？我爱你。'我一辈子都不会忘记那位父亲。通过这次经历，我懂得了一个道理，那就是虽然我们从事这项工作的时候可能会有种孤独感，但实际上它拥有的涟漪效应却充满了力量和意义，就连素不相识的人或者你以为不可能被影响的人，都有可能感受到它的意义。”阿曼达鼓舞了这位优步司机，让他知道这个世界上还有人在为她的女儿而战。反过来，他也鼓舞了她。简单朴素的感激之言对她来说有着莫大的意义，特别是在那样艰难的一天。

……

患有唐氏综合征的残障人士权益活动家和励志演说家萨拉·沃尔夫在负责为《优化人生体验法案》提供支持的过程中，被一路上遇到的各方人士所鼓舞。她发现自己这个角色最有意义的部分就是与人们交谈和听到他们的故事，她也因此不断受到激励，进而坚持不懈地为残障人士争取权益。“人与人是可以互相鼓舞的，因为每个人都能从彼此身上学到东西。”她对我说，“上中学的时候，我懂得了一个道理，那就是只要我能够为自己挺身而出，那么我也一定能够为别人做同样的事，也是到那个时候，我才知道自己可以成为一名倡议者。我热爱这项事业。能从他人身上学到那么多东西，听他们讲述自己的故事，他们朋友的故事，他们家人的故事以及他们的感受，那感觉妙不可言。”

或许比这更值得一提的，是萨拉·沃尔夫的社会活动鼓舞了残障人士群体内外不计其数的人。正如全美唐氏综合征学会会长萨拉·威尔对我所言："萨拉·沃尔夫简直是个不可思议的存在。在过去的10年里，随着她逐渐成为这项立法的代言人，她提出倡议和讲述个人故事的能力也成为一个值得关注的亮点。经历了这段旅程之后，她成长了，无论是作为一个倡议者，还是作为一个人。但有一点可能大多数人都没有看到，那就是萨拉为昨天刚刚生下或者明天即将生下一个唐氏综合征宝宝的妈妈或爸爸设定了一个相当高的标杆。他们会亲眼见证萨拉这个人，亲眼见证她所做的事情。一个患有唐氏综合征的人，居然能在美国参议院财政委员会的面前作证，这种事可不是每天都会发生的。她这个标杆真的设定得很高。而且她仅凭做自己，就做到了这一切。她让整个残障人士群体的眼前豁然开朗，原来患有唐氏综合征的人也可以拥有光明的未来，也能够让自己的希望、梦想和爱好成真。"

……

当我问到受访者是谁鼓舞了他们的时候，得到的答案可以说是五花八门，比如我的妈妈、曾经的同事或老师、以前跟我一起演奏的朋克乐队成员等。每位运动发起者都能够立刻报出人名，说出是谁做的大事小情鼓舞了他们，然而，却只有寥寥数人曾经向那个鼓舞过他们的人说起这一点。无论是否曾经向那些鼓舞过自己的人致谢，他们都无一例外地明白当初是什么发挥了作用——是那些人的一言一行，让他们看出自己能够解决重大问题，能够发起他们后来为之坚持不懈的运动。

我们当然不会知道自己的行为举止究竟能以哪些方式对他人产生影响，但是我们已经看到，哪怕是最微不足道的举动，比如给某人的请愿写一段简短的留言，也能够产生巨大的鼓舞。我们对人们说的话、写的字，哪怕只有寥寥数语，也能够产生同样的作用。我至今还记得，有一位教授曾经建议我试着把期末论文发表在一份学术期刊上，还有一位企业领导者曾经顶着压力给了我一个有违惯例的职位，他们对我的影响是让我更加进取，信心倍增。另外，我以前的学生曾经告诉过我，我对他们的信任促成了他们后来的功成名就，还有我的同事们也曾经对我说，我在某次谈话中提出的一条意见或给出的一条建议改变了他们的职业形态，对此我感到又惊又喜。我们真的永远都不会知道自己能够对他人产生怎样的效应。

之所以要阐明这一点，是因为我希望能够促使大家做到两件事情。

第一，多想想我们对他人产生的影响。在或大或小的人际交往中，尽量做一个鼓励别人的好人，推动人们达到新的高度。毕竟，我们永远都不会知道自己的一言一行有可能鼓舞到谁。

第二，主动联系那些鼓舞过我们的人，让他们知道自己做了什么。这样不仅会使我们的关系更加坚固，还可以这样设想，假如让人们知道鼓舞人心的行为确实有效，人们有可能因此会更多地这样做，进而对类似行为起到强化的作用，那么这个世界将会变得积极得多。

知道我们是否曾经对他人产生影响并不是重点。重要的是过上一种追求积极影响的生活：一种有意义、有奉献、为希望所驱动的生活。我们已经看到，起身发起运动的人以及他们的广大支持者能够产生怎样的成效——目标驱动型的新公司，现有组织内部的新理念和新举措，还有为我们所有人创造更加美好世界的新政策和新法规。

现在轮到你了。

注　释

第一章　寻找一个有意义的目标

1　耐克运动专用希贾布网站，2017 年 11 月 19 日。http://www.nike.com/ae/en_gb/c/women/nike-pro-hijab。

2　《B 型企业》，梅子有机食品公司 | B 型企业，2008 年 6 月 1 日。2017 年 11 月 16 日访问。https://www.bcorporation.net/community/plum-organics。

3　桑德勒研究中心，《有机婴儿食品市场——受欧中非地区市场驱动，在 2020 年之前将保持 11.51% 的年复合增长率》，美通社（PR Newswire），2016 年 7 月 7 日。http://www.sandlerresearch.org/global-organic-baby-food-market-2016-2020.html；https://www.marketwatch.com/story/organic-baby-food-market-1151-cagr-to-2020-driven-by-emea-2016-07-07-4203226。

4　布丽尔·谢弗，《有学生在文胸市场发现商机》，《杰克逊·霍尔新闻指南》（*Jackson Hole News & Guide*），2014 年 3 月 26 日。

http://www.jhnewsandguide.com/news/business/student-finds-niche-in-bra-world/article_8569c52c-6c14-5b2b-a9ac-3012c13f73e9.html。

5 伊拉娜·林·格罗斯,《黄莓果将怎样为青少年改变文胸行业》,《福布斯》,2017 年 4 月 17 日。http://www.forbes.com/sites/elanagross/2017/04/17/how-yellowberry-is-changing-the-bra-industry-for-pre-teens/2/。

6 曼妞艾拉·巴尔塞尼亚斯,《萨拉·艾尔阿曼在渥太华进步峰会上分享数字倡议经验》,"首都时代"(The Capital Times),博客,2016 年 3 月 31 日。http://ottcapitaltimes.wordpress.com/2016/03/31/sara-el-amine-shares-digital-advocacy-experience-at-ottawa-progressive-policy-conference/。

7 J. L. 弗里德曼,S. C. 弗雷泽,《无压力的屈从:登门槛技术》,《人格与社会心理学杂志》(*Journal of Personality and Social Psychology*)第 4 卷,第 2 期(1966 年),第 195−202 页。

8 约翰·P. 科特,詹姆斯·L. 赫斯克特,《企业文化与经营绩效》,纽约:自由出版社,1992 年。

9 《哈佛商业评论》和安永灯塔研究所,《商业案例——论目标的意义》,哈佛商学院出版社(Harvard Business School Publishing),2015 年。http://www.ey.com/Publication/vwLUAssets/ey-the-business-case-for-purpose/$FILE/ey-the-business-case-for-purpose.pdf。

10 凯伦·弗里曼,帕特里克·斯彭纳,安娜·伯德,《关于顾客需求的三个传说》,《哈佛商业评论》,2012 年 5 月 23 日。http://hbr.org/2012/05/three-myths-about-customer-eng。

11 里德·霍夫曼,《目标在职场上的力量》,里德·霍夫曼个人网站(ReidHoffman.org),2015 年 11 月 6 日。http://www.reidhoffman.org/article/1470。

第二章 达成目标其实没有那么难

1 格洛丽亚·蒂尔,《在四十年后引燃同性恋权利运动的星火》,美国公共电视台(PBS.org),2010 年 6 月 30 日。http://www.pbs.org/wnet/need-to-know/culture/the-spark-that-lit-the-gay-rights-movement-four-decades-later/1873/。

2 阿琳·梅耶森,《以运动的视角看待〈美国残疾人法案〉的历史》,残障人士权利教育与捍卫基金会(Disability Rights Education and Defense Fund),1992 年。https://dredf.org/news/publications/the-history-of-the-ada/。

3 蒂芙妮·斯莱恩,《50/50:反思女性与权力的过去、现在和未来》,2016 年。http://www.letitripple.org/films/50-50/。

4 小林千代子·弗兰克,西蒙·巴伦–科恩,芭芭拉·L. 甘泽尔,《神经性错误信念及语用理解的性别差异》,《神经成像》(*NeuroImage*)第105卷(2015年1月15日),第300–311页,doi: 10.1016/j.neuroimage.2014.09.041;

吉斯伯特·斯托特,达里尔·B. 奥康纳,马克·康纳,基

思 · R. 劳斯,《女性比男性更擅长多重任务处理吗？》,《生物医学中心心理学》(*BMC Psychology*) 第1卷，第18期（2013年10月24日），http://doi.org/10.1186/2050-7283-1-18；丹尼 · 科恩 · 扎达，亚历克斯 · 克鲁默，莫西斯 · 罗森博伊姆，奥弗 · 莫舍 · 沙皮尔,《压力与性别下的窒息：以职业网球作为例证》,《经济心理学期刊》(*Journal of Economic Psychology*) 第61卷（2017年8月），第176—190页, https://doi.org/10.1016/j.joep.2017.04.005。

第三章　学会讲一个激动人心的故事

1 马歇尔 · 甘兹,《公共叙事的组成部分：自己、我们和现在》, 2009年，公共叙事工作簿，工作底稿。http://nrs.harvard.edu/urn-3:HUL.InstRepos:30760283 和 https://dash.harvard.edu/bitstream/handle/1/30760283/Public-Narrative-Worksheet-Fall-2013-.pdf?sequence=1。

2 《他父母的去世让他肩负起了一项使命：解决撒哈拉以南非洲地区医疗人才外流的问题》,《山羊和汽水：一个多变世界里的生活故事》，美国国家公共广播电台，2017年4月28日。http://www.npr.org/sections/goatsandsoda/2017/04/28/525756657/his-parents-death-gave-him-a-mission-stop-the-medical-brain-drain。

3 《实例说明：女超人项目》,“变革理论中心”，2004年12

月 27 日。http://www.theoryofchange.org/pdf/Superwomen_Example.pdf。

4 德里克·西弗斯，《如何发起一项运动》，2010 年 2 月录制于 2010 年 TED 大会，TED 视频，3 分 9 秒。https://www.ted.com/talks/derek_sivers_how_to_start_a_movement。

5 《吹热一股风潮》，“糖果生活”，2010 年 2 月 10 日。http://www.dailycandy.com/los-angeles/article/80153/Drybar-Blow-Dry-Studio-Opens。

6 《尼尔森：全球消费者对“赚钱”广告的信任正变得日益重要》，新闻稿，2012 年 4 月 10 日。http://www.nielsen.com/us/en/press-room/2012/nielsen-global-consumers-trust-in-earned-advertising-grows.html。

7 珍妮·高，《如何与 Instagram 女王格蕾塔·罗斯·范瑞尔一起日赚百万美元》，《影响力》，2017 年 6 月 22 日。http://www.influencive.com/gretta-van-riel。

8 内森·陈，《看格蕾塔·罗斯·范瑞尔是如何用这利落一招建立起多个价值数百万美元的电子商务企业的》，《创始人》，2017 年 5 月 25 日。http://foundrmag.com/gretta-rose-van-riel-influencer-marketing/。

9 伊莎·查布拉，《带大家认识一位以众筹方式而不是从风投公司手里融资 300 多万美元的女企业家》，《福布斯》，2017 年 7 月 31 日。http://www.forbes.com/sites/eshachhabra/2017/07/31/meet-the-female-entrepreneur-who-raised-over-3-million-from-

crowdfunding-not-vcs/。

第四章　寻找并说服关键人物

1 《金氏哲学》，小马丁·路德·金非暴力社会变革中心。http://www.thekingcenter.org/king-philosophy。

2 麦尔坎·葛拉威尔，《大卫和歌利亚：实力悬殊的对手以及与巨人搏斗的艺术》，纽约：小布朗出版公司，2013 年。

3 同上。

4 路透社，《布朗呼吁欧盟对缅甸实施更多制裁》，2007 年 10 月 6 日。http://www.reuters.com/article/us-myanmar-britain-idUSL0641657420071006。

5 泰莎·希尔，利娅·瓦伦特，《〈据说〉，八年级的"同意"社会活动家创作的强奸文化纪录片》，《赫芬顿邮报》，2015 年 6 月 23 日。http://www.huffingtonpost.ca/2015/06/23/allegedly-rape-culture-tessa-hill-lia-valente_n_7637832.html。

6 本杰明·华莱士，《众叛亲离的海洋世界》，《纽约》，2016 年 5 月 4 日。http://nymag.com/daily/intelligencer/2016/04/seaworld-tilikum-orcas.html。

7 保罗·洛克威尔，《保护你的用户免受跟踪狂的骚扰并帮助维护受害者的人身安全》，博客，变革网，2014 年 2 月 21 日。https://www.change.org/p/linkedin-protect-your-users-from-stalkers-and-help-keep-victims-safe/responses/10562。

第五章　引导成员进行积极的互动

1 《今日俄罗斯》,《女学生在强奸未遂事件中被谋杀和焚烧后，土耳其爆发大规模抗议活动》，RT.com，2015 年 2 月 14 日。http://www.rt.com/news/232423-turkey-protests-student-rape/。

2 《这六个人向来不为人知，却在 2015 年改变了世界》,《独立》（*Independent*），2015 年 12 月 31 日。http://www.independent.co.uk/voices/the-six-people-youve-never-heard-of-who-changed-the-world-in-2015-a6792246.html。

3 A. M. 格兰特，E. M. 坎贝尔，G. 陈，K. 科顿，D. 拉佩迪斯，K. 李，《维持激励因素的影响与艺术：与持续性行为受益者接触的效应》,《组织性行为与人类决策过程》，第 103 期（2007 年），第 53-67 页。

4 苏珊·多米诺，《给予是前进的秘诀吗？》,《纽约时报杂志》（*New York Times Magazine*），2013 年 3 月 27 日。http://www.nytimes.com/2013/03/31/magazine/is-giving-the-secret-to-getting-ahead.html。

5 罗伯特·罗森塔尔，莱诺·雅各布森，《教室里的皮格马利翁效应：教师期望与学生智力发展》，纽约：霍尔特－莱因哈特－温斯顿图书出版公司（Holt, Rinehart and Winston），1968 年。

6 约翰·鲁特基维奇，《远大的期望造就伟大的业绩》，“像一位领导者那样活着”。https://www.livingasaleader.com/great-

expectations。

7 杰克·曾格，约瑟夫·福尔克曼，《假如你的老板认为你很牛，那么你就会变得比牛更牛》，《哈佛商业评论》，2015年1月27日。http://hbr.org/2015/01/if-your-boss-thinks-youre-awesome-you-will-become-more-awesome。

8 艾利森·伍德·布鲁克斯，弗朗西斯卡·吉诺，《征求建议会给人留下好印象》，《科学美国人》，2015年3月1日。http://www.scientificamerican.com/article/asking-advice-makes-a-good-impression1/。

9 朱莉娅·罗佐夫斯基，《成功的谷歌团队必备的五个关键要素》，re: Work，博客，2015年11月17日。http://rework.with google.com/blog/five-keys-to-a-successful-google-team/。

10 布勒内·布朗，《示弱的力量》，2010年6月录制于TEDx休斯敦大会，TED视频，20分19秒。http://www.ted.com/talks/brene_brown_on_vulnerability。

11 杰西卡·格伦扎，《国会通过扩大"9·11"救援人员医疗保险范围的法案》，《卫报》(*Guardian*)，2015年12月16日。http://www.theguardian.com/us-news/2015/dec/16/congress-spending-bill-budget-zadroga-911-health-and-compensation-act。

12 罗宾·罗伯茨，维罗妮卡·钱伯斯，《人人有本难念的经》，纽约：大中央出版公司(Grand Central Publishing)，2014年。

13 罗宾·罗伯茨，采访者雷切尔·马丁，《罗宾·罗伯茨的妈妈一语中的："亲爱的，人人有本难念的经"》，《星期日版周末》，美国国家公共广播电台，2014 年 4 月 27 日。http://www.npr.org/2014/04/27/306542402/wise-words-from-robin-roberts-mom-honey-everybody-s-got-something。

14 李·罗斯，伦纳德·伯科维茨，《凭借直觉的心理学家及其不足之处：归因过程中的曲解现象》，《实验社会心理学研究进展》（*Advances in Experimental Social Psychology*），第 10 卷，纽约：学术出版社，1977 年，第 173—220 页。

15 布勒内·布朗，《东山再起：败北，蓄势，革命》，纽约：斯皮格尔–格劳出版社（Spiegel & Grau），2015 年。

16 凯特·甘布尔·迪克曼，《把我传送上去，亲爱的斯科蒂》，2017 年 1 月 9 日。http://medium.com/@kategambledickman/beam-me-up-sweet-scotty-fab26b8b6ab9。

17 城市词典，在线词典，由 Portpressure 定义，2005 年 7 月 1 日。https://www.urbandictionary.com/define.php?term=coxswain。

18 艾伦·W. 格雷，布莱恩·帕金森，罗宾·I. 邓巴，《笑声对自我揭露式亲昵言行的影响》，《人性》（*Human Nature*）第 26 卷，第 1 期，2015 年 3 月。https://doi.org/10.1007/s12110-015-9225-8。

19 乔尔·斯坦，《幽默是严肃的事情》，《斯坦福商学院洞见》（*Insights by Stanford Business*），2017 年 7 月 11 日。http://www.gsb.stanford.edu/insights/humor-serious-business。

第六章　有效应对来自外界的批评

1　西尼·贾丁,《亚马逊的杰夫·贝佐斯如何看待彼得·蒂尔和胡克·霍根对 Gawker 之战》, 2016 年 6 月 1 日。https://boingboing.net/2016/06/01/what-amazons-jeff-bezos-thin.html；视频链接：https://www.youtube.com/watch?time_continue=291&v=Mf0e8M5Fxfo（4 分 51 秒）。

2　《了解应激反应》，哈佛健康出版社（Harvard Health Publishing），2011 年 3 月，2016 年 3 月 18 日更新，https://www.health.harvard.edu/staying-healthy/understanding-the-stress-response；蒂芙妮·A. 伊托，杰夫·T. 拉森，N. 凯尔·史密斯和约翰·T. 卡乔波，《负面信息对大脑的影响占更大的比重：评价分类中的负面偏好》,《人格与社会心理学杂志》第 75 卷，第 4 期（1998 年），第 887—900 页，http://dx.doi.org/10.1037/0022-3514.75.4.887。

3　托尼·施瓦茨,《克服你的负面偏好》（*Overcoming Your Negativity Bias*），交易手册（Dealbook），博客,《纽约时报》，2013 年 6 月 14 日。http://dealbook.nytimes.com/2013/06/14/overcoming-your-negativity-bias/。

4　麦肯纳·波普,《麦肯纳·波普：想成为一名社会活动家吗？那就从你的玩具开始》，2013 年 11 月录制于 TED 青年大会，TED 视频，5 分 22 秒。http://www.ted.com/talks/mckenna_pope_want_to_be_an_activist_start_with_your_toys。

5 同上.

6 《一位被抢者善待抢劫者》,《早间版》(*Morning Edition*),美国国家公共广播电台,2008年3月28日。http://www.npr.org/2008/03/28/89164759/a-victim-treats-his-mugger-right。

7 纳尔逊·曼德拉,《漫漫自由路》,纽约:小布朗图书出版公司,1994年。

8 伊莱·萨斯洛,《德里克·布莱克的白人迁移》,《华盛顿邮报》,2016年10月15日。http://www.washingtonpost.com/national/the-white-flight-of-derek-black/2016/10/15/ed5f906a-8f3b-11e6-a6a3-d50061aa9fae_story.html。

9 R. 德里克·布莱克,《我为什么脱离了白人种族主义》,《纽约时报》,2016年11月26日。http://www.nytimes.com/2016/11/26/opinion/sunday/why-i-left-white-nationalism.html。

第七章 除了坚持,没有其他的捷径

1 《本·西尔伯曼在"至高峰会"上的主旨发言》,Vimeo视频,1小时5分38秒,2012年1月27日录制于盐湖城。http://vimeo.com/user10165343/review/35759983/820bd84fa4。

2 斯科特·菲茨杰拉德,《夜色温柔》,纽约:查尔斯·斯克里布纳父子出版公司(Charles Scribner & Sons),1934年。

3 《洛奇》(2006年)台词引用,互联网电影数据库(IMDb)。http://www.imdb.com/title/tt0479143/quotes。

4 杰拉尔德·比尔斯·琼,《托马斯·爱迪生传》,网站,1999 年。http://www.thomasedison.com/biography.html。

5 阿姆拉姆·夏皮罗,路易丝·菲斯·坎贝尔,罗莎琳德·赖特,《概率之书:从天打雷劈到一见钟情的日常生活概率事件》,纽约:威廉·莫罗出版社,2014 年。

6 《帕特·萨米特的儿子:“上帝为她制订了更远大的计划”》,哥伦比亚广播公司新闻网(CBS News),2012 年 4 月 20 日。http://www.cbsnews.com/news/pat-summitts-son-god-has-bigger-plan-for-her/。

7 《有关实现目标和下定决心的战略的研究课题》,加利福尼亚州多米尼加大学。http://www.dominican.edu/dominicannews/study-highlights-strategies-for-achieving-goals。

8 麦尔坎·葛拉威尔,《理科天才》,《纽约客》,1999 年 8 月 2 日。http://www.newyorker.com/magazine/1999/08/02/the-physical-genius。

9 卡罗尔·德韦克,《拥有“成长型思维”究竟意味着什么》,《哈佛商业评论》,2016 年 1 月 13 日。http://hbr.org/2016/01/what-having-a-growth-mindset-actually-means。

10 同上。

11 同上。

12 戴夫·柯林斯,艾娜·麦克纳马拉,尼尔·麦卡锡,《超级冠军、冠军和准冠军:在崎岖道路上的重要不同之处与相同之处》,《心理学前沿》,2016 年 1 月 11 日。http://journal.frontiersin.org/article/10.3389/fpsyg.2015.02009/full。

致　谢

按照“你永远都不会知道自己有可能鼓舞到谁”的精神，在我撰写本书的过程中曾给予我鼓舞的人可以说是不计其数。首先，我有幸为这本书采访到了许多超级鼓舞人心的人，对他们，我要致以最深切的感激之情，其中有几位的故事十分精彩，只可惜最后并未出现在本书的最终版本里，不过，鉴于他们英勇无畏的行为确实让这个世界变得更加美好，所以我会另找机会再讲述他们的故事。他们是：朱莉安娜·布里托·施瓦茨和北达科他州“立岩保留区青年组织”（the Standing Rock Youth），领导了反对达科塔输油管道计划的运动；利亚·布斯克，既是“跑腿兔”的创始人，也对开创弹性工作制度的幕后运动做出了主要贡献；卡罗琳·德·哈斯，开展了保卫法国《劳动法》的运动；康萨尔奥·马查多，为了自己的儿子以及巴西其他残障儿童的教育权利挺身而出；英国的理查德·拉特克利夫，为了让关押在伊朗的妻子纳赞宁获释而不懈争取；沙伊·鲁宾，为了让医疗保险公司将自己小儿子的耳蜗植入手术纳入保障范围而积极活动，并成功说服那家公司修改了相关规定，让每一位有此需求的客户都可以将这种手术纳入保障范围。

我想要感谢那些出类拔萃的同事们，在个人职业生涯的各个阶段，我从他们身上学到了很多东西；若是没有与我共事的这些杰出人士，本书中写到的我亲身经历的很多事例就不可能发生。尤其要感谢本·拉特雷和我的“亦朋亦友的同事们”，是他们拓展了我的眼界，让我看到世界各地的人们在多么勇敢地面对他们目睹的不公现象，也是他们教会了我很多被人们用来应对不公现象的技巧。这些年来，有太多真正了不起的同事要点名致谢，我希望你们所有人都知道我有多么感激你们。

感谢那些曾经给我鼓舞，而我可能一直没有正式写到的人，我这一生遇到过许多导师和教练，也遇到过许多冒险给我机会的人，他们或是给我设置挑战，或是给我提供职位，或是给我投资（感情投资或财务投资），或是给我树立榜样，或是给我推荐机会，或是仅仅相信我的潜力，我要向他们致谢，他们是：珍妮和吉姆·莫汉夫妇，芭芭拉和罗伯·约克夫妇，贝丝·安德森，查克·利克西，拉莫特医生，乔·迪普里科，彼得·库尼霍姆，汤姆·吉洛维奇，约翰·布伦纳，波提乏一家，洛伊斯·鲁夫保尔，马蕾（卡琳）·芒纳根，哈姆·克拉克，玛妮·麦克奈特，苏珊·道尔顿，罗伯特·弗兰克，乔治·巴布斯，凯伦·爱德华兹，格兰特·温弗瑞，肯·格拉夫，罗布·所罗门，卡米·邓纳韦，杰夫·韦纳，詹姆斯·斯推维特，希拉里·施耐德，杨致远，戴夫·哥德堡，比尔·哈里斯，钱杜·梭塔，塞尔吉奥·蒙萨尔夫，乔·汉纳，苏珊·沃西基，斯里达尔·拉马斯瓦米，萨米尔·萨马特，里德·霍夫曼，阿里安娜·赫芬顿，安德鲁·博斯沃思，克里斯考克斯，金康新，马克·扎克伯格，谢丽尔·桑德伯格，内奥米·格莱特。我这一生能遇到那么多愿意相信我，并且努力助我更上一层楼的人（我自己都未必如此努力），简直就像拥有了无价之宝。我希望能够通过这本书，将他们的鼓舞从我这里再传递给其他的人。

我想要感谢埃伯雷出版公司（Ebury）的埃德·福克纳，2015年，他在伦敦听过我的演讲后，就来问我是否考虑过写一本书。虽然我并不确定他在那天看到了什么或是听到了什么，才促使他提出了这样一个建议，但是我的感激之情无以言表，因为如果没有他，这本书就不可能问世。

这本书的诞生还离不开我写书时的好伙伴劳拉·齐格曼，是她帮助我度过整个过程的每一个阶段以及每一个自我怀疑的时刻，为了让我坚持下来，她充分利用了自己的经验、才华和幽默感。对于她的帮助，以及她为这本书倾注的所有时间和良苦用心，我感激不尽。我还想要感谢伊娃·阿列沃和凯莉·汤普森，在整个过程中，他们从很多方面给予了帮助，包括安排采访来协助调研，阅读和评论早期书稿等。感谢给予我全方位支持的谢尔·哈里森。他们的帮助在这一路上发挥了宝贵的作用。

组合出版社 / 企鹅出版集团（Portfolia/Penguin）里还有许多人需要感谢，他们的工作对最终的成果具有关键性的意义。首先，十分感谢我的编辑梅里·孙。她给出的建议总是经过深思熟虑，让我受益匪浅。毫无疑问，每一轮修改之后，这本书都变得更加经得住推敲。我还要向组合出版社的社长阿德里安·扎克海姆表达感激之情，他对这本书有着清晰的初步愿景，鼓励我在运动的定义上拓展思路，又帮助我将不同的观点连接成线，使其与我们想要实现的目标保持一致。我也想要感谢斯蒂芬妮·弗雷里希，她从一开始就对这本书表现得兴致勃勃，从而促进了早期动力的生成，更使我们在迈出第一步的时候就找准了方向。此外，我要为美轮美奂的创意设计向艺术总监克里斯·塞尔吉奥，以及室内设计师丹尼尔·拉金和蒂芙妮·埃斯特里切表达感激之情，向包括威尔·魏瑟，凯瑟琳·瓦伦蒂诺，泰勒·爱德华兹和玛德琳·蒙哥马利在内的营销团队，向在宣传方面提供支持的艾莉·柯立芝，凯尔西·奥多奇克和塔拉·吉尔布赖特，向出版编辑莎伦·冈萨雷斯，主编莉萨·达戈斯蒂诺，向工作细致入微的文字编辑安吉丽娜·克莱恩表达感激之情。（作为一个喜爱语法的人，我曾私下里想象过自己成为文字编辑的另一种人生，不过显而易见，他们所做的远不止这些。）特别感谢埃伯雷出版公司的露西·奥茨，她在英国负责本书的相关事宜，还提出了着眼于英国受众的反馈意见。

我要把最后的感激之词留给我生命中最重要的人，对我的父母鲍勃和朱迪·胡雷特夫妇，我的姐妹黛博拉·奥登·坎普和邦妮·莫里森，我最亲密的好友“七人帮”，我的姻亲杜尔斯基一家和弗兰斯·奥登·坎普，我要致以最深切的感激之情，他们都给予了我无条件的爱和支持，他们对我的馈赠实在无法估量，其中包括本书中提到的诸多道理。而对我的两个女儿艾玛和雷切尔，以及我的丈夫莱恩，我要说的是，如果没有你们，我是不可能做到这一切的。我何其有幸，在人生中能有你们相伴，又何其感激，能在你们的人生中相伴。是你们给了我目标的意义，我参与的任何运动都是因为你们的存在。